手绘表现技法

主　编　周帆扬　陈　苏
副主编　赵　晗　陈　浒　邓枝绿
　　　　李敏勇　曹雪瑶
参　编　吕晓洁　余志英　王　颖
　　　　刘　嘉　沈　毅　林乐翔
　　　　林伟伟　高松洁

北京理工大学出版社
BEIJING INSTITUTE OF TECHNOLOGY PRESS

内容提要

本书共分为五个项目，主要内容包括手绘技法概述、手绘表现技法基础知识、室内陈设单体与组合表现、景观元素及景观平立面图手绘表现、手绘效果图作品赏析等。本书汇聚了手绘领域的经典技法与前沿探索，从基础的线条练习、色彩理论到复杂的构图法则、材质表现，循序渐进地引导读者步入手绘的殿堂。

本书可作为高等院校环境艺术设计专业的教学用书，也可以作为相关行业设计师和从业人员的参考用书。

图书在版编目（CIP）数据

手绘表现技法 / 周帆扬，陈苏主编.--北京：北京理工大学出版社，2024.10.
ISBN 978-7-5763-4502-5

Ⅰ.TU204.11

中国国家版本馆CIP数据核字第2024KN2782号

责任编辑：钟　博		**文案编辑**：钟　博	
责任校对：周瑞红		**责任印制**：王美丽	

出版发行 / 北京理工大学出版社有限责任公司

社　　址 / 北京市丰台区四合庄路6号

邮　　编 / 100070

电　　话 / （010）68914026（教材售后服务热线）

　　　　　（010）63726648（课件资源服务热线）

网　　址 / http：//www.bitpress.com.cn

版 印 次 / 2024年10月第1版第1次印刷

印　　刷 / 河北鑫彩博图印刷有限公司

开　　本 / 889 mm×1194 mm　1/16

印　　张 / 6

字　　数 / 166千字

定　　价 / 82.00元

前言 PREFACE ···◎

在数字化浪潮汹涌的今天，手绘艺术如同一股清泉，以其独特的韵味和深厚的底蕴，滋养着设计与艺术的广袤土地。它不仅是历史的传承，更是未来创意的源泉。为此，我们精心策划并编写了这本教材，旨在为广大学生提供一扇通往手绘艺术殿堂的大门。

本书旨在构建一个全面而深入的手绘学习体系，从基础技巧到高级表现，从理论阐述到实践指导，力求覆盖手绘艺术的各个层面。我们相信，手绘不仅是线条与色彩的堆砌，更是情感与创意的交融。因此，在内容的编排上，我们注重培养学生的观察力、思考力和创造力，鼓励他们用手绘的方式感知世界、表达自我。

本书在编写过程中，注重理论与实践紧密结合，理论内容循序渐进、由浅入深，各项目前均设置了项目导入、知识目标、能力目标、素质目标等模块，项目中穿插素养提升，项目后设置项目训练等。本书图文并茂，包括了大量的手绘步骤图片，便于学生直观地了解整个手绘表现的过程。

此外，本书还特别强调了手绘在设计与创意产业中的应用价值。无论是产品设计、环境艺术、视觉传达还是数字媒体等领域，手绘都是设计师们不可或缺的工具之一。它能够帮助设计师快速构思、验证想法，并在团队沟通中发挥重要作用。因此，掌握手绘表现技法，对于提升个人职业素养与竞争力具有重要意义。

由于编者的水平有限，书中难免存在不妥之处，恳请广大读者批评指正。

编　者

目录 CONTENTS ·······························◉

项目一 | 手绘技法概述

项目导入

　　手绘表现的创作过程是一种形象化的思维过程，设计者通过思维产生形象，然后通过手勾勒成图。在这个过程中，手、眼、脑、图要形成一个有内在联系的整体，设计者除用手绘制草图外，更需要眼、脑和手的配合。在手绘过程中，各种信息不断反馈到设计者大脑，激发其产生更多想法。设计者经过更深层次的思考后，不断产生新的思维，然后通过手绘将思维表现出来。

知识目标

　　1.了解手绘表现的发展历史，熟悉手绘在艺术设计中的作用，培养手绘表现能力。

　　2.了解国内外大师的手绘草图世界。

　　3.熟悉手绘快速表现的常用工具。

能力目标

　　能使用不同工具和材料来表现手绘图，熟悉各种工具表现方法。

素质目标

　　1.具有与时俱进的精神，以及爱岗敬业、奉献社会的道德风尚。

　　2.和同学相处宽容大度，善于组织，充分发挥每个人的才能。

任务一　手绘表现技法认知

一、手绘表现的发展历史

　　室内外设计师表达设计意图和设计构思最为有效的手段是绘制手绘表现图。手绘表现图的形式多样，有的严谨工整、简明扼要，有的粗犷奔放、自由灵活，有的精细入微。这些不同的形式都建立在对手绘表现特征深入了解的基础上，无优劣之分，重点在于基于什么阶段、在什么条件下使用最为便捷，更有助于激发设计师的灵感与艺术创造性。手绘表现图能够形象、立体、真实地表达设计师的思想及个性，体现了极高的创造力。正因如此，历代艺术家如达·芬奇、赖特、安藤忠雄、贝聿铭等在设计过程中总会进行大量的手绘草图创作。

　　手绘是一种天然的审美创作活动，是大脑最直观的反应，具有无与伦比的艺术性，因此，计算机永远不能取代手绘。一个有创意的设计是在"想"和"画"的反复肯定与否定中碰撞出来的灵感火花，如果不能用手绘表达画面，则大脑中的抽象形象就难以转变为具体的方案。

　　另外，手绘是设计师个人特色的重要表现形式，如伍重、安藤忠雄等建筑设计大师的优秀方案都是在手绘草图的寥寥几笔灵感闪动的基础上深化发展而来的，这些手绘草图也成为他们的设计风格及其审美价值的重要组成部分（图 1-1、图 1-2）。

图 1-1　悉尼歌剧院的手绘草图　伍重　　　　图 1-2　建筑手绘草图　安藤忠雄

　　学习手绘要在实用的基础上与时俱进，掌握最新的手绘技法。同时，要了解传统技法（图 1-3）与现代技法（图 1-4）的关联，把握手绘表现的整体性。具体来说，就是要重视技法上的系统基础训练，从速写勾线到上色训练，再到创意快速表现的综合技法运用，培养脚踏实地、不浮不躁的态度。如今，计算机技术在艺术设计领域已得到广泛应用，也确实给人们带来了便利，但一定要认识到手绘的重要性，在利用好"计算机"这只多功能巨手的同时，发挥"手绘"这只灵巧之手的特殊作用，让两者在完美融合中碰撞出绚烂的设计火花。

二、手绘在艺术设计中的作用

　　作为室内设计师，手绘的重要性越来越得到认同，因为手绘是室内设计师表达情感、展示方案、体现创意最直接的"视觉语言"。室内设计表现效果图是设计者以绘画的形式代替语言进行表达、交流，以图形表达设计意图的重要手段。表达空间的设计效果如今可以用手绘或计算机 3D 软件完成。对于室内设计师来说，手绘依然是最传统、最快捷、最方便实用的一种"视觉语言"。正因如此，室内设计师的手绘水平高低直接影响室内设计工作的进展和成果，这一点应当是室内设计师的共识。"室内设计手绘"已经成为设计类基础教学中的独立学科。计算机的普遍应用为各个行业带来了翻天覆地的变化，也为室内设计师创造了一个更大的视觉平台。

图1-3　采用传统的水粉上色技法绘制的餐厅效果图　图1-4　采用现代马克笔、彩色铅笔上色技法绘制的室内效果图

　　由于室内设计手绘表现是视觉造型最基本的工具与手段，所以其得到室内设计师越来越多的重视与运用。室内设计手绘表现是室内设计的重要组成部分，也是室内设计师与业主沟通的重要途径，还是各大院校环境艺术设计专业必修的基础课程。现在通常所讲的"手绘"实际上是一种简化的概念化语言。"室内设计手绘"是一个大的概念。"现代手绘"讲求的是精练、简洁、快速、生动。

　　相较计算机表现，手绘表现所用工具、材料的选择余地较大，且表现手法灵活多变，风格效果也各不相同。室内设计师通过手绘能够淋漓尽致地展现其所要表达的设计意图及其独具的个性特质。室内设计手绘的作品往往成为室内设计师设计思想的外在表现，也成为他们身份的鲜明识别符号。

三、手绘表现内涵的培养

　　手绘表现的重要性主要体现在以下三个方面：手绘表现是设计师的灵魂，是设计师表达创意最直接、最有效的方式；手绘表现是设计师与其他人沟通的工具；手绘表现能够帮助设计师记录稍纵即逝的灵感。培养手绘表现内涵的方法主要有以下三种。

　　（1）收集资料，日积月累，使自己的"脑袋"丰富起来。这要求设计者平时多收集自己喜欢的资料（不喜欢的不要勉强）。当看到自己喜欢的灯具、厨具、家具等造型时，就仔细观察它们的规律，随时用手绘表现技法将其记录下来，分类收集，日积月累，自己的"脑袋"自然就丰富了。

　　（2）进行速写。速写是手绘训练必不可少且行之有效的训练方法。速写的范围和内容十分广泛，包括室内外各种物体的造型、结构、空间、材质、光影、环境等方面，在速写的过程中要多观察、分析、再提炼，使速写对象概括地印在脑海中，然后试着用手绘草图将其表现在纸面上。只有经过大量速写和默写训练，才能出现质的变化、实现质的飞跃，最终培养出过硬的手上功夫和快速应变的能力。

　　（3）多阅读设计史类和设计理论的书籍，了解设计的渊源和动态，学习设计大师的创造能力。许多世界顶级大师的设计作品现在看也不过时，这就是设计的最高境界。这些作品有很多可取之处，值得研究学习。

学习手绘的基本方法

任务二　大师的手绘草图世界

　　手绘是一种直观且生动的表达方式，也是设计方案从构思迈向现实的第一步。任何一个想法都需要被"翻译"成可视化的图形。同时，手绘也是设计师表达情感、表达设计理念、表现方案最直接的"视觉语言"，可以通过对构图、透视技巧、空间表达、色彩关系等的表现来表达设计意图。

　　手绘草图的优势之一是使设计师可以快速地表达自己的想法，并以这种方式邀请他人与自己一起进行方案讨论。无论设计师是在白板上还是在一张普通的纸上进行创作，最重要的是观者可以通过手绘草图理解关于概念设计的基本理念，另外，设计师也可以从观者那里得到一些反馈，从而使设计环节更加完善。许多著名设计师常以手绘草图作为表现手段，快速记录瞬间的灵感和创意。

一、国外大师的手绘草图世界

1. 密斯·凡·德·罗

　　德国建筑师密斯·凡·德·罗是著名的现代主义建筑大师之一，与赖特、勒·柯布西耶、格罗皮乌斯并称为四大现代建筑大师。他坚持"少就是多"的建筑设计哲学，在处理手法上主张"流动空间"的设计理念。他在 1929 年设计的西班牙巴塞罗那国际博览会中的德国馆就充分体现了"少就是多"和"流动空间"的设计理念。他用手绘草图将脑海中的设计灵感成功记录下来，成为一个又一个经典作品必不可少的组成部分。如图 1-5 ～图 1-7 所示。

图 1-5　密斯·凡·德·罗

图 1-6　西班牙巴塞罗那国际博览会德国馆

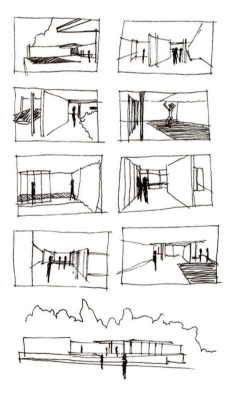

图 1-7　西班牙巴塞罗那国际博览会德国馆
设计手稿　密斯·凡·德·罗

2. 弗兰克·盖里

弗兰克·盖里（图1-8）是当代著名的解构主义建筑师，以设计具有奇特不规则曲线造型、雕塑般外观的建筑而著称（图1-9）。弗兰克·盖里的设计风格属于晚期现代主义，其中最著名的建筑是位于西班牙、具有钛金属屋顶的毕尔巴鄂古根海姆美术馆。设计灵感爆发时，他通过快速手绘草图（图1-10）表达心中所想的建筑设计作品，成就了今天的毕尔巴鄂古根海姆美术馆。

图1-8　弗兰克·盖里

图1-9　西班牙毕尔巴鄂古根海姆美术馆

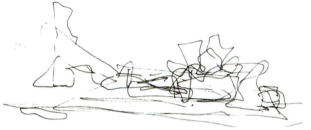

图1-10　西班牙毕尔巴鄂古根海姆美术馆设计手稿
弗兰克·盖里

3. 伦佐·皮亚诺

伦佐·皮亚诺（图1-11）是意大利当代著名建筑师，其设计风格属于晚期现代主义。1964年，伦佐·皮亚诺从米兰理工大学获得建筑学学位，开始了他的建筑师职业生涯。他先后受雇于费城的路易斯·康工作室、伦敦的马考斯基工作室，后来在热那亚建立了自己的工作室。1971年，一个工程商建议伦佐·皮亚诺与罗杰斯合作参加巴黎的蓬皮杜中心国际竞赛，他们最终赢得了竞赛并使蓬皮杜中心成为巴黎公认的标志性建筑之一。自蓬皮杜项目之后，伦佐·皮亚诺在日本、德

图1-11　伦佐·皮亚诺

国、意大利和法国设计的大胆的商业、公共建设项目及博物馆设计为他赢得了广泛的国际声誉。

1998年建成的芝贝欧文化中心位于南太平洋中心的美丽小岛，该建筑按照比本土的棚屋大得多的尺度，选取原生材料，用现代技术建造，极具当地文化的魅力。在设计之初，伦佐·皮亚诺手绘了许多设计草图，最终将精湛的设计变成现实（图1-12～图1-16）。

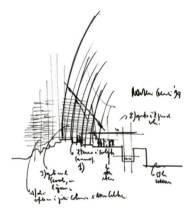

图1-12　芝贝欧文化中心设计手稿（一）
伦佐·皮亚诺

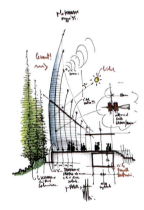

图1-13　芝贝欧文化中心设计手稿（二）
伦佐·皮亚诺

图 1-14　芝贝欧文化中心设计手稿（三）　伦佐·皮亚诺

图 1-15　芝贝欧文化中心（一）

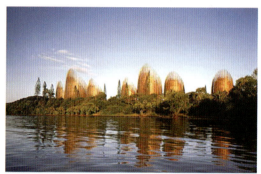

图 1-16　芝贝欧文化中心（二）

4. 安藤忠雄

安藤忠雄是日本著名建筑师。他自学建筑知识，于 1969 年创立安藤忠雄建筑研究所。他的设计理念和对材料的运用使国际上的现代主义与日本传统美学结合在一起。他通过使用最基本的几何形态，用变幻摇曳的光线为人们创造了一个新的世界。对安藤忠雄来说，材料、几何与自然是构成建筑的三个必备要素，他的每件作品都一丝不苟地体现着对这些要素的把握与组织。他的作品强调材料的真实性。他喜欢用混凝土，并执着于混凝土质朴与纯粹的表达。安藤忠雄认为几何是一种原理和演绎推理游戏，它为建筑提供了基础与框架，因此他的作品均以圆形、正方形和长方形等纯几何形来塑造建筑空间与形体的特征。

2009 年，安藤忠雄为上海设计了上海保利大剧院（图 1-17、图 1-18）。安藤忠雄用万花筒来形容上海保利大剧院，其外观是方形组合，内部却产生了无穷的变化，沿着长长的圆形走道走到尽头是不同的舞台。室内的大剧场、室外的水上剧场、楼上的小剧场、屋顶的露天剧场，各具特色。建造上海保利大剧院使用了 3.6 万平方米清水混凝土和大量的木材。

2013 年，安藤忠雄为日本札幌墓园 30 周年开幕式设计标志性的大殿。在一片广袤的薰衣草山丘下，在任何角度看大佛，都看不到大佛的全貌，只有找寻入口才能一窥全貌。佛像高约 135 m，从廊道走过去，强烈的视觉冲击和心理暗示产生了震撼人心的效果（图 1-19 ～ 图 1-21）。

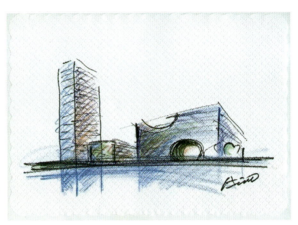

图 1-17　上海保利大剧院　　　　　　　图 1-18　上海保利大剧院设计手稿　安藤忠雄

图 1-19　日本札幌墓园大殿设计手稿　安藤忠雄

图 1-20　日本札幌墓园大殿（一）　　　　图 1-21　日本札幌墓园大殿（二）

二、国内大师的手绘草图世界

　　彭一刚（图 1-22），1932 年 9 月 3 日出生于安徽合肥，建筑专家，中国科学院院士，天津大学教授、博士生导师，天津大学建筑设计规划研究总院名誉院长。

彭一刚多年来潜心于建筑理论的研究工作和建筑创作实践活动，主要从事建筑美学及空间构图理论、建筑设计方法论、传统建筑文化与当代建筑创新的研究，在建筑创作方面有独到的见解。

彭一刚设计的天津大学北洋纪念亭形态方正、风格淳朴，通体由花岗石砌合而成，其上方是双龙戏珠的浮雕和"北洋大学堂1895"几个苍劲大字，其下方是由两根石柱顶起一个圆拱形成的拱门。北洋纪念亭现已成为天津大学的标志性建筑物（图1-23～图1-25）。他设计的雕塑惟妙惟肖，集中体现了环境与场地特征（图1-26、图1-27）。

图1-22　彭一刚

图1-23　北洋纪念亭

图1-24　北洋纪念亭设计手稿　彭一刚

图1-25　北洋纪念亭夜景设计手稿　彭一刚

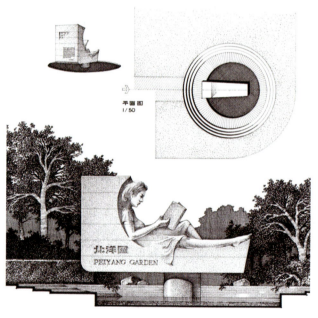

图1-26　天津大学雕塑

图1-27 天津大学雕塑设计手稿　彭一刚

彭一刚设计的中国甲午战争博物馆由于个性鲜明，并富有深刻的历史文化内涵而深受广大群众的喜爱，得到了建筑界的赞誉（图1-28～图1-31）。

彭一刚的设计作品从平面图到效果图大都由本人亲自手绘完成，精湛丰富的绘画技法和独具匠心的表现，让一栋栋建筑在他的笔下出神入化，令人震撼。彭一刚的手稿堪称旷世大作，他将建筑手绘引领到一个全新的高度。他的作品成为无数学子学习、临摹的卓越范本。

图 1-28　中国甲午战争博物馆

图 1-29　中国甲午战争博物馆设计手稿　彭一刚

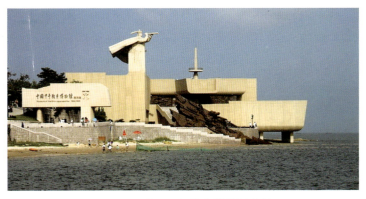
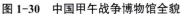
图 1-30　中国甲午战争博物馆全貌

图 1-31　甲午战争博物馆雕塑
设计手稿　彭一刚

◎ **素养提升**

繁荣发展文化事业和文化产业

　　坚持以人民为中心的创作导向，推出更多增强人民精神力量的优秀作品，培育造就大批德艺双馨的文学艺术家和规模宏大的文化文艺人才队伍。坚持把社会效益放在首位、社会效益和经济效益相统一，深化文化体制改革，完善文化经济政策。实施国家文化数字化战略，健全现代公共文化服务体系，创新实施文化惠民工程。健全现代文化产业体系和市场体系，实施重大文化产业项目带动战略。加大文物和文化遗产保护力度，加强城乡建设中历史文化保护传承，建好、用好国家文化公园。坚持以文塑旅、以旅彰文，推进文化和旅游深度融合发展。广泛开展全民健身活动，加强青少年体育工作，促进群众体育和竞技体育全面发展，加快建设体育强国。

任务三　手绘快速表现常用工具

一、常用笔类

　　景观设计手绘图常用笔有硬质类笔、铅笔、彩色铅笔、马克笔、软质类笔。每种笔都有各自的特点，形成的画面风格也不尽相同，绘制时可以根据自己的使用习惯和爱好选择（图 1-32 ～图 1-36）。

图 1-32 硬质类笔

图 1-33 铅笔

图 1-34 彩色铅笔

图 1-35 马克笔

图 1-36 软质类笔

1. 硬质类笔

硬质类笔是指钢笔、中性笔、签字笔、制图笔、针管笔、圆珠笔等。此类笔以画线为主。其特点是笔尖硬，颜色以单色为主，黑色居多。硬质类笔画出的线条挺拔、直率、有力度，清晰度高且有粗细变化。

2. 铅笔

铅笔的笔芯有软硬之分，可以根据自己的需要选择。铅笔既可以画草图稿，也可以画正稿（铅笔效果图）。铅笔是构思草图阶段使用最多的工具之一。铅笔画图方便、易于修改、表现力强，特别是对物体明暗关系的表现优于其他类型的笔。

3. 彩色铅笔

彩色铅笔具有普通铅笔的特性，同时具有上色功能，是比较常用的表现工具。彩色铅笔可分为一般性和水溶性两种，颜色一般有 6 色、12 色、24 色、36 色等。其特点是颜色过渡柔和、丰富、自然，既能用线条表现也能用颜色表现，可以重复画线和上色，易于修改。

4. 马克笔

马克笔是景观设计手绘图常用的着色工具之一，其品种和类别丰富多样，而且体积较小，便于携带。马克笔可分为水性、油性和酒精性三种类型。

（1）水性马克笔。水性马克笔的特点是色彩柔和、透明，色彩明度适中，笔触叠加时色彩层次丰富；但叠加次数不宜过多，因为覆盖色过多，色彩容易变得混浊，也容易使薄一些的纸张起皱变形。

（2）油性马克笔。油性马克笔的特点是颜色纯度高，色彩艳丽，不易变色，适宜在较光的纸面上着色。如果在吸水性较强的纸面上着色，则颜色容易扩散，从而变得暗淡。

（3）酒精性马克笔。酒精性马克笔的特点是颜色的纯度、饱和度较高，色彩过渡细腻而丰富；颜色透明，上色后色彩稳定不易变色；由于酒精挥发快，所以容易形成笔触，在吸水性强的纸面上色，色彩较灰暗。

5. 软质类笔

软质类笔有水彩笔、水粉笔、尼龙笔等，是上色用笔。作为上色用笔，此类笔可以单独上色表现并形成独立的表现形式，如水彩手绘效果图、水粉手绘效果图等。它也可以作为辅助工具与马克笔、彩色铅笔结合使用。

二、纸

手绘表现的纸张选用应根据需要与作品要求而定。通常作品表现得越深入，选择的纸张越厚，最好选用 150 g 以上的厚纸，纸基厚则具有良好的吸水性能，如水彩纸、水粉纸和卡纸等。在手绘效果图的表现中可以利用纸与水、色的性能关系绘制出所需的各种画面效果。

1. 拷贝纸

拷贝纸的纸基较薄，通常用于复印，也可直接覆盖在资料上进行雏形设计（图 1-37）。

2. 硫酸纸

硫酸纸呈半透明状，对油脂和水的渗透抵抗力强，可以用针管笔在硫酸纸上描图和照片，然后用马克笔和彩色铅笔上色，适合画方案草图（图 1-38）。

图 1-37　拷贝纸　　　　　　　　　　图 1-38　硫酸纸

3. 水彩纸

水彩纸的吸水性比一般纸大，磅数较大，纸面的纤维也较强韧，不易因重复涂抹而破裂、起毛。在精细绘制表达时，一般选用麻质的厚纸。由于棉质纸吸水快、速干，所以通常水彩手绘效果图表现选用棉质纸，其缺点是时间久了易褪色（图 1-39）。

4. 复印纸

在进行具体的方案设计时，经常使用复印纸，原因是复印纸价格低、色质白净，纸面细腻光滑且具有一定的透明度。除绘图外，复印纸还可用于复印，特别是在勾画草图时使用比较顺手，从而使设计状态放松，容易激发构思灵感。在尺寸规范上，A3、A4 幅面的复印纸比较常用（图 1-40）。

5. 有色纸

通过各种有色纸可以画出不同意境的画面效果，在暖色调的有色纸上可以画出黄昏落日的古朴效果，而在冷色调的纸面上可以表现夜景（图 1-41）。

图 1-39　水彩纸　　　　　　图 1-40　复印纸　　　　　　图 1-41　有色纸

三、尺

尺子类表现工具主要有丁字尺、三角板、比例尺（图 1-42）、蛇形尺、曲线板及各种模板。

1. 丁字尺

丁字尺常用的规格有 60 cm、90 cm 两种，其材料为有机玻璃，其作用是画水平线和透视中的所有平行线。丁字尺的用法：将丁字形的尺沟卡在画板的左边，左手扶尺，右手握铅笔沿尺子的上边缘由左向右行笔。

图 1-42　丁字尺、三角板、比例尺

2. 三角板

常用的三角板有 15 cm、30 cm 两种规格，其材料为有机玻璃，其作用是画透视中的所有垂直线。三角板的用法：将三角板直角一边方向朝左下方紧抵在丁字尺的上边缘，左手扶三角板和丁字尺，右手握铅笔沿三角板左边缘由下而上行笔。

3. 比例尺

比例尺也称为三棱尺，其材料有木质和有机玻璃两种，它是放大和缩小效果图的有效工具。在表现手绘效果图时要根据空间大小和图纸的范围来选择合适的比例，一般室内表现手绘效果图常用的比例是 1∶50、1∶40、1∶30、1∶25 和 1∶20。

4. 蛇形尺、曲线板及各种模板

蛇形尺、曲线板是画各种弧线和曲线的有效工具，各种模板是画特定图形的工具（图 1-43）。

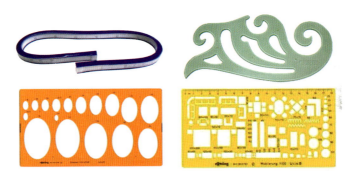

图 1-43　蛇形尺、曲线板及各种模板

四、其他辅助工具

1. 调色工具

水粉画的调色工具有调色盒（板）等。对调色盒（板）的基本要求是洁白、平整、不吸水。调色盒以色格略深、20～24格的塑料调色盒为宜（外出写生时存放颜料，轻便实用）。为了防止颜料干裂，不用时可覆盖一层用清水浸湿的海绵或毛巾，以使颜料保持水分。如果喷绘大幅水粉表现图，在室内可以用瓷盘、碟、杯子等调大面积的色彩。

2. 笔洗工具

笔洗工具选用塑料瓶、罐、桶为宜，其大小视画面需要而定。另外，还需要一块易吸水的布或海绵，用以擦拭和控制画笔的水分。

3. 试色纸

无论运用哪种表现技法、画幅多大，上色前都应先选择一张与手绘效果图同类的纸张作为试色纸，测试其深浅、饱和度等是否达到要求，然后在正稿上着色。

4. 其他工具

剪刀、刻纸刀、橡皮、胶带纸、胶水（糨糊）、吹风机等其他工具也要尽可能准备。

五、颜料

目前手绘效果图使用的颜料主要有水粉、水彩、透明水色、丙烯、喷笔画颜料等。

各种颜料性能不同，在使用方法上也有很大差别，表现出的效果也各不相同。因此，只有熟悉各种颜料的特点，在使用时才会得心应手。

1. 水粉

水粉又称为广告色、宣传色，是一种传统的着色颜料（图1-44），其与水彩的技法基本相同。水粉大都含有粉质，色彩鲜艳，具有较强的覆盖能力，适用于较大的画面，但达到一定厚度时，干后会出现龟裂脱落现象，因此，在作图时不宜涂得太厚。

2. 水彩

水彩是传统的着色颜料（图1-45），可以与钢笔、铅笔结合使用。其颜色从高纯度到灰度非常齐全，色度与纯度和水的加入量有关，水越多，色彩越浅，纯度也就越低。水彩具有明快、润泽的渲染效果，色彩鲜明且着色力强，具有一定的透明性，但不宜覆盖和修改。

图 1-44　水粉

图 1-45　水彩

3. 透明幻灯（照相）水色

透明幻灯（照相）水色又称为液体水彩颜料或彩色绘画墨水，因其在彩色摄影尚未普及前用来为黑白照片和幻灯片着色而得名。其颗粒极细，色质较好，颜色鲜艳，透明度高，着色力和渗透性极强，适宜画钢笔淡彩或铅笔淡彩。

4. 丙烯

丙烯属于快干类颜料，是以合成树脂为溶液与传统颜料混合而成的，分为油溶性和水溶性两种。现如今常用的是水溶性丙烯的性能与水彩、水粉相似，既可以薄画，也可以厚画，有一定的透明度，色彩鲜艳，黏着力强，耐光照，防水性能好。

5. 喷笔画颜料

喷笔画的专用颜料为进口颜料，质高价昂，一般可用水彩、水粉代替。用色量大时需要在调色碟内沉淀后再使用，以减少堵塞。

以上各类颜料要根据自己所擅长的技法和经济能力来选择，各种工具和材料均有讲究，只有在学习中不断摸索尝试，才能做到表现时得心应手。

握笔的正确姿势

⊙ **项目训练** ··· ⊙

1. 收集优秀手绘效果图若干张，对其进行分类，熟悉其类型，分析其表现方法，并对其进行适当的特色分析。

2. 准备好手绘工具，制作一份彩色铅笔色卡与马克笔色卡。

项目二 | 手绘表现技法基础知识

项目导入

　　在实际工作中，进行设计手绘表达之前要有明确的计划，这是设计师有效掌控设计流程与提高工作效率的好方法。首先，明确画面需要传达的设计意图；其次，对画面需表现的设计内容、表现形式和技法的定位进行精心的计划。这些工作是做好设计手绘表现的前提条件。具体地说，就是根据不同的设计主题和设计表现内容来确定手绘表现方式，包括透视角度、构图形式的定位，线条、色调、光影与质感的协调及技法表现的先后步骤等。

知识目标

　　1.掌握直线表现、曲线表现、折线表现及线条与材质表现。
　　2.了解透视原理，掌握平行透视、成角透视、平角透视及构图技巧。
　　3.了解黑白稿、水彩、水粉、彩色铅笔、马克笔、计算机手绘表现技法。

能力目标

　　1.掌握透视的基本性能，运用透视原理绘制空间效果图。
　　2.掌握手绘表现常用技法。

素质目标

　　1.认真聆听他人讲话，并有逻辑地表达观点和间接陈述自己的意见。
　　2.通过学习笔记等多个途径，对学习过程中的不同阶段进行反思。
　　3.学习态度端正，爱岗敬业，学会自我培养。

任务一　线条的练习与运用

一、直线表现

直线分为快线、慢线和抖线三种。快线刚劲有力，能把物体表达得简洁明快。慢线和抖线准确沉稳，能使人有思考地描绘形态或设计。

1. 快线画法

画快线时，要有起笔和收笔。起笔和收笔的力度较大，运笔力度轻，画线速度要快。同时，利用运笔思考线条的角度、长度（图2-1）。学习快线画法时先从快横线、快斜线和快竖线入手。

图 2-1　快线的正确画法

（1）快横线。画快横线时，手、手腕、手臂应保持在同一条直线上。以肘关节为中心运笔，线条过长时，需要以肩关节为支点，带动整条胳膊运动（图2-2）。画快横线时需要注意起笔和收笔，应力度均匀、快速果断，具有两头重、中间轻的效果（图2-3）。

图 2-2　画快横线姿势示范　　　　　　图 2-3　快横线的正确画法

（2）快斜线。快斜线的运笔姿势和快横线是一样的，手臂应当始终保持与所画直线呈 90° 夹角（图2-4）。快斜线的方向可以是多变的，通常按照顺手的方式用笔（图2-5）。

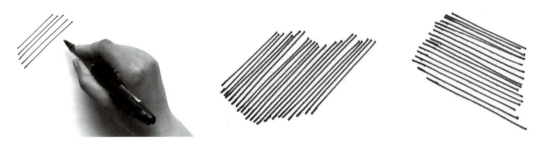

图 2-4　画快斜线姿势示范　　　　　　图 2-5　快斜线的正确画法

（3）快竖线。快竖线的长短决定了运笔的姿势。画 2～3 cm 的短竖线，运笔姿势可以是手臂保持不动，依靠手腕或指关节的运动带动运笔（图2-6）。画长竖线则仍然需要以手肘为运笔中心，利用前臂带动运笔，手腕尽可能保持不动（图2-7）。

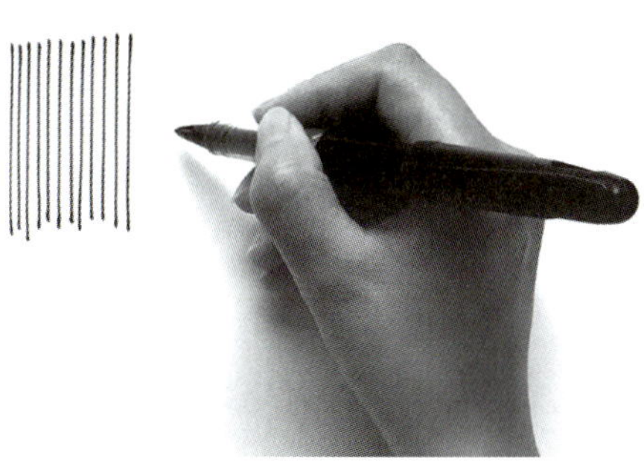

图 2-6　画快竖线姿势示范 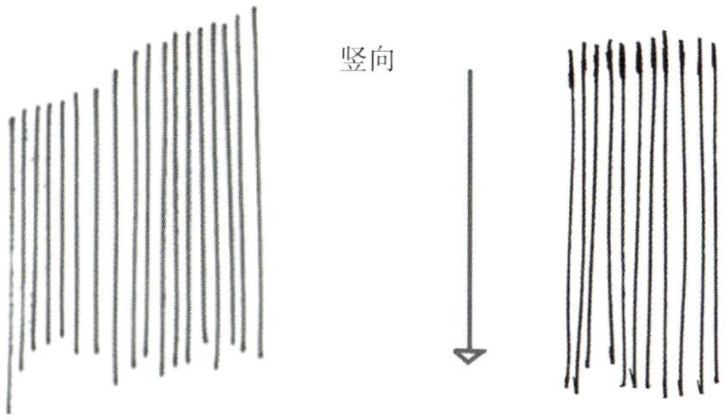　　　　图 2-7　快竖线的正确画法

2. 慢线画法

慢线的握笔、画法与快线一致。不同的是，在运笔时，作者有时间思考线的走向、位置（图 2-8）。

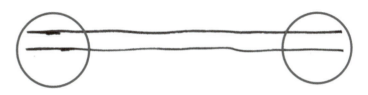

图 2-8　慢线的正确画法

（1）慢横线。慢横线的运笔姿势与快横线相差无几，即以手肘为中心，前臂带动运笔。如果线条过长，超出前臂运笔范围，则应该以肩关节为支点，带动整条胳膊运笔（图 2-9）。

慢横线慢速平稳，并且有微弱的动感，轻松自由，但又不失严谨。慢横线没有快直线两头重、中间轻的特质，线条整体均匀。

（2）慢斜线。根据所画慢斜线的角度，将手臂调整到舒服的位置。慢斜线有方向的变化，但运笔上没有长、短线之分，只要顺手即可，不存在手臂运动范围限制运笔的问题（图 2-10）。

（3）慢竖线。画慢竖线时，手臂不用像画快竖线那样刻意垂直于画面或保持某个特定的姿势，较为轻松地用手指或手腕带动运笔即可。相较画快竖线，画慢竖线更好掌握。速度慢下来了，线条自然好控制（图 2-11）。

图 2-9　慢横线的正确画法　　　图 2-10　慢斜线的正确画法　　　图 2-11　慢竖线的正确画法

快线所表现的画面比慢线更具有视觉冲击力，画出来的图更加清晰、硬朗，富有生命力和灵动性，但是较难把握，需要经过大量的练习和不懈的努力才能掌握（图 2-12）。慢线比较容易掌握，在画线的大方向把握方面优于快线（图 2-13）。

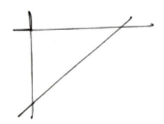 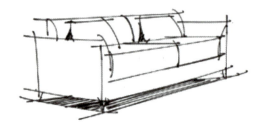

图 2-12 用快线画的沙发

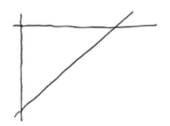 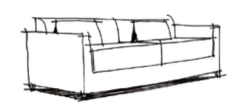

图 2-13 用慢线画的沙发

3. 抖线画法

抖线也称为颤线，是慢线的一种。画抖线时运笔有轻微的抖动，抖线活泼生动，有节奏变化。

（1）抖横线。画抖横线不是画波浪线，需要手指与手腕同时用力，使线条呈现小曲大直的特点（图 2-14）。

（2）抖斜线。在用抖斜线进行表达时，不能刻意控制线条节奏，否则抖动会显得僵硬、不自然，当然，更应该避免出现波浪线（图 2-15）。

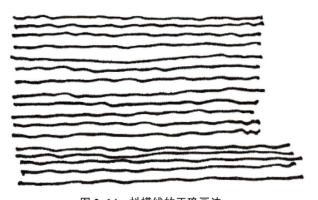 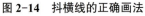 

图 2-14 抖横线的正确画法   图 2-15 抖斜线的正确画法

（3）抖竖线。在画效果图时，人们一般喜欢用缓线、抖线来完成竖向线条。这样做，第一是可以避免竖线画歪的可能性；第二是可以增加画面的灵活度，打破快直线的生硬感，同时增强线稿的活力（图 2-16）。

因为运笔方式的不同，竖线通常比横线难画。一般对于很长的竖线，为了确保不画歪，可以选择分段式处理：第一根竖线可以参照图纸的边缘以便使竖线处于垂直状态，但是注意分段的地方一定要留有空隙，不可将线连接在一起。也可适当采取画慢线或抖线的方法来画竖线（图 2-17）。

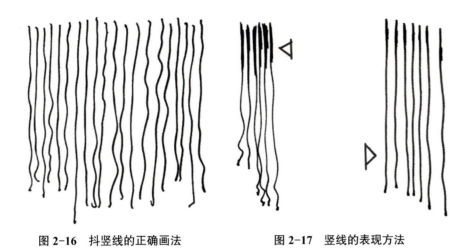

图 2-16　抖竖线的正确画法　　　　图 2-17　竖线的表现方法

二、曲线表现

曲线的种类很多，有弧线、圆、椭圆、螺旋线、波纹线、自由曲线等，可以用画慢线的方式来画曲线（图 2-18、图 2-19）。

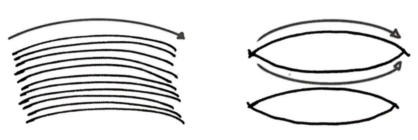

图 2-18　曲线的表现方法

图 2-19　曲线的练习

三、折线表现

折线具有硬朗、刚劲、顿挫感的特征。折线在平面中表现木纹、平面织物、立面干枝植物等坚挺对象特征（图2-20）。

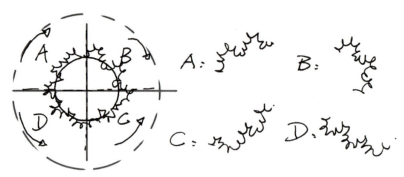

图 2-20　折线的成组练习

在熟悉了线条的一些画法与特征之后，一定要多进行有目的的练习，要明确线条从哪里开始，要画到什么位置。

四、线条练习需要注意的问题

（1）线条表现应流畅，一次画一根线（图2-21），不应重叠往复（图2-22）。

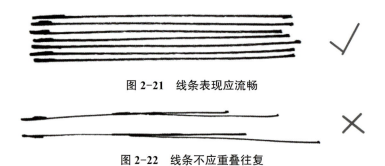

图 2-21　线条表现应流畅

图 2-22　线条不应重叠往复

（2）过长的线条可以分段画（图2-23），线条不应端点、起点相连（图2-24）。

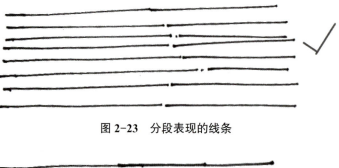

图 2-23　分段表现的线条

图 2-24　线条不应端点、起点相连

（3）在确定的位置画线，线条的间距应保持大方向水平，允许适当的误差（图2-25）。线条在大方向上不应倾斜（图2-26）。

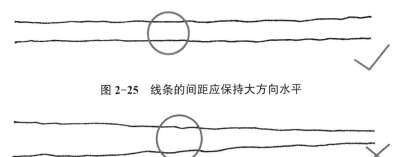

图 2-25　线条的间距应保持大方向水平

图 2-26　线条在大方向上不应倾斜

（4）线条应搭接并适当地出头（图2-27）。

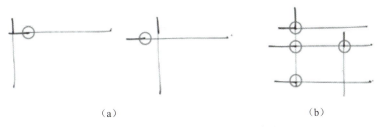

（a）　　　　　　　　　　　　　（b）

图 2-27　线条应搭接并适当地出头

（a）错误的起笔方式；（b）正确的起笔方式

五、线条与材质表现

室内设计手绘效果图会涉及各种各样装饰材料的表现，丰富的材质表现会使效果图更加逼真，设计交代更清晰。因此，在平时的训练中要对各种材质的表现进行充分深入的体会并掌握它们的规律。对处于线稿阶段的效果图，依然通过线条来表现。

1. 石材质感的线条表现

石材质感的线条表现（大理石、文化石）如图2-28所示。

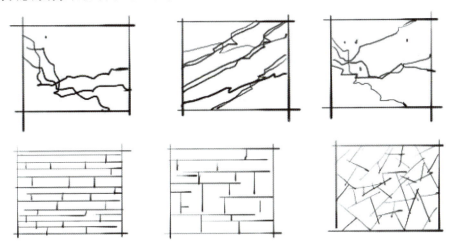

图 2-28　石材质感的线条表现

2. 木材质感的线条表现

由于木材纹理细腻，所以在作画时，画出木制家具的形状后，应用自由、放松的笔触画出木纹，注意木材的纹理表现，可使用折线、曲线的线条表现手法，形成逼真的质感效果（图 2-29）。

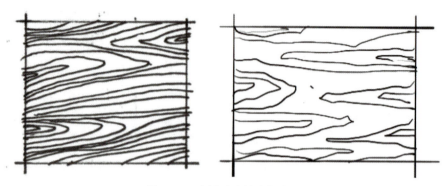

图 2-29　木材质感的线条表现

3. 藤艺质感的线条表现

藤艺质感的线条表现以组织结构为主，如图 2-30 所示。

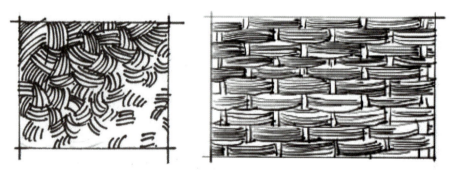

图 2-30　藤艺质感的线条表现

4. 织物质感的线条表现

织物质感的线条表现以曲线为主，要刚柔并济（地毯、毛毯、窗帘等），如图 2-31 所示。

图 2-31　织物质感的线条表现

任务二　透视原理与构图

一、透视原理

1. 透视的定义

透视是指透过透明的介质看物体，并将物体描绘下来进行研究，简言之就是"透而视之"。实际上，透视是一种绘画活动中的观察方法和研究画面空间的专业术语，通过这种方法可以归纳出视觉空间变化的规律（图2-32）。

我们实际看到的景物，由于远近不同、方位不同，在视觉上会引起不同的反应，这种现象便是"透视现象"。设计透视是设计师在平面上制造空间效果，将其设计意图直观、真实地表现出来的有力工具。

2. 透视的三要素

透视的三要素如图2-33所示。

（1）眼睛：透视的主体，是构成物体透视的主观条件。

（2）物体：透视的客体，是构成透视图形的客观依据。

（3）画面：透视的媒介，是构成透视图形的载体。

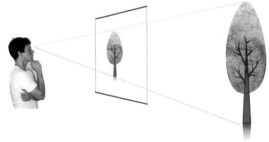

图 2-32　自然界中的透视　　　　图 2-33　透视的三要素

3. 透视基本术语

透视的基本术语（部分）如图2-34所示。

（1）画面（PP）：画者眼睛与被画物体之间假设的透明平面，即研究透视的假设平面，看景物时可以扩展成很大的平面。

（2）视平线（HL）：与画者眼睛平行的水平线。

（3）心点（CV）：又称为主点，即画者眼睛正对着视平线上的一点。

（4）视点（E）：画者眼睛所处的位置。

（5）视中线：又称为视心线，即视点与心点相连的视线，必须与画面垂直。

（6）消失点（V）：不平行于画面的直线无限远的投影点，也称为灭点。

（7）天点：近高远低的倾斜物体，消失在视平线以上的点。

（8）地点：近高远低的倾斜物体，消失在视平线以下的点。

（9）视距：视点到心点的垂直距离。

（10）测点（M）：又称为量点，以灭点为圆心，以灭点到视点的距离为半径所作的圆与视平线的交点。

（11）距点（D）：以心点为圆心，以视距长为半径所作的圆称为视距圆。视距圆上的任意一点都可称为距点，常用到的是视距圆与视平线的两个交点，它们是所有平行于地面、与画面呈 45° 角的平行直线的灭点。

（12）余点：余角透视在视平线上，除距点和视心点外的其他灭点都称为余点。

4. 透视的基本规律

透视的基本规律如图 2-35 所示。

（1）近大远小；

（2）近实远虚；

（3）近宽远窄；

（4）近高远低。

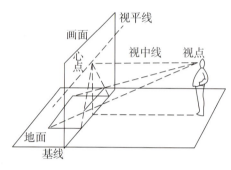 

图 2-34　透视基本术语（部分）　　　　　图 2-35　透视的基本规律

二、平行透视

1. 平行透视的定义

平行透视也称为一点透视，当画面平行于建筑或建筑空间的主要墙面，即平行于建筑物的高度方向和长度方向时，画面产生一个灭点，所得投影图就是平行透视图。图 2-36 所示为正方体的平行透视图。

2. 平行透视的用途

在透视图的所有表现方式中，平行透视是最基本的一种作图方法。平行透视线条整齐，灭点统一，有庄重平衡的特点，能较全面地反映室内五个面的状况，易表现较大场景和严肃空间，常用于表达庄重、宏大的场面，如室内环境、庭院、街景等。其缺点是画面容易呆板，形成对称构图，不够活泼（图 2-37）。

图 2-36　正方体平行透视图　　　　　　图 2-37　汽车平行透视图

3. 平行透视的特点

（1）平行于画面的平面保持原来的形状；平行于画面的轮廓线方向不变，没有灭点；水平线保持水平，竖线仍然垂直。

（2）与画面不平行的轮廓线垂直于画面，这些轮廓线是变线，它们集中消失于一点，即主点。平行透视只有一个主向灭点，即主点。

（3）正六面体在一般状况下能看到三个面，在特殊情况下只能看到两个面或一个面。当正六面体处于视平线或正中线上时，只能看到两个面；当正六面体正好处于主点上时，只能看到一个面。

（4）当正六面体的位置高低不同时，距离视平线的水平面越近，透视效果越窄，反之越宽，与视平线同高的面呈现为一条直线。

（5）正六面体的位置左右不同时，距离正中线的面越近，透视效果越窄，反之越宽，与正中线重合的面呈一条直线。

注意事项：一点透视的消失点在视平线上稍偏移画面 1/3 ～ 1/4 为宜；在室内效果图表现中，视平线一般定在整个画面靠下 1/3 左右的位置。

4. 正方体平行透视图的画法

正方体平行透视图的作图步骤如下。

（1）定视点（E）、视平线（HL）、心点（CV），画出与画面平行的正方形 $ABDC$，从 A、B、C、D 四点分别引消失线至心点 CV。

（2）延长 CD 线得 E' 点，使 $CD=DE'$；E' 点和距点（D）的连线与 D 点和心点（CV）的连线的交点为 F，DF 的长度就是正方形伸向远方的透视长（深）度。

（3）过 F 点分别作垂直线、水平线与 B-CV 线、C-CV 线、A-CV 线相交，各交点连接形成图形，即正方形的平行透视图（图 2-38）。

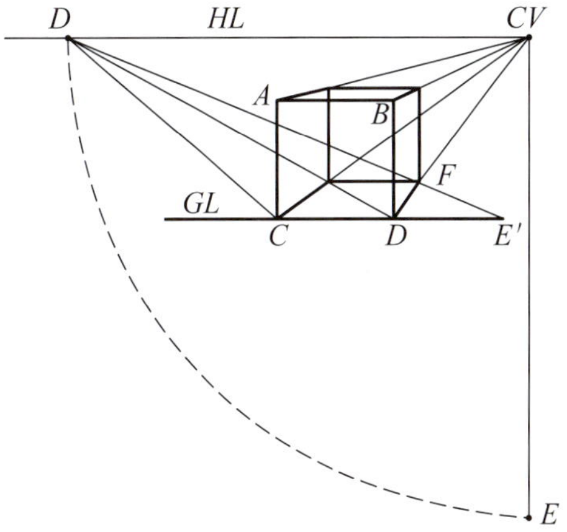

图 2-38　正方体平行透视图的画法

5. 室内空间平行透视图的画法

以一个宽 4 m、高 3 m、深 5 m 的房间为例，室内空间平行透视图的作图步骤如下（画面中的比例设定为 4∶3∶5）。

（1）定出视平线（HL）、心点（CV），按比例定出宽度尺寸 AB，以 AB 线段为基线，过心点（CV）作 A、B 及各点的连线；确定距点（D），使 D-CV 线的距离等于视距（图 2-39）。

（2）按比例过 A、B 点作垂线，得 AC、BD 线，为房间的真高线；连接 D 点与心点（CV）、C 点与心点（CV）；在 AB 延长线上确定消失点 O，使 BO 线等于一个刻度；连接 O 点、距点（D），与心点（CV）的各透视线形成交点，作各交点的水平线与 A-CV 线、B-CV 线相交（图 2-40）。

（3）作垂直线、水平线，完成房间室内空间平行透视图（图 2-41）。

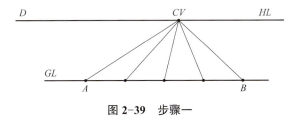

图 2-39　步骤一

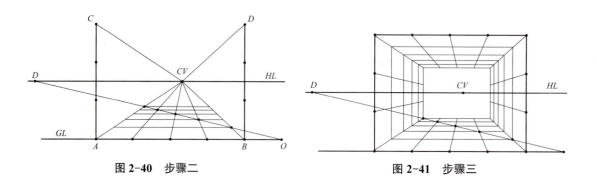

图 2-40 步骤二　　　　　　　　图 2-41 步骤三

三、成角透视

1. 成角透视的概念

在平视的空间中，只要离"画面"最近的是一条与基面垂直的边棱，那么方形物体左、右两个对立面必然与画面呈一定的角度，且两角之和为 90°，在这种状态下投射而成的透视图就是成角透视图，由于它有两个消失点，两个角互为余角，所以又称为两点透视图或余角透视图（图 2-42）。

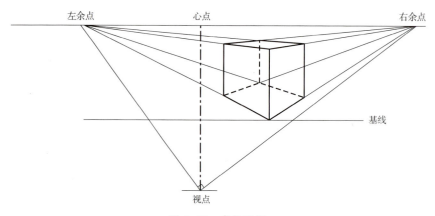

图 2-42 成角透视

2. 成角透视的特点

成角透视图画面灵活且富有变化，适合表现丰富、复杂的场景。成角透视所表现的空间和物体都是与画面有一定角度的立方体。画面中的立方体空间感较强，主要有左、右两个方向的消失点，大多数与底面平行的线条都消失于这两个点，使画面产生强烈的不稳定感，同时具有灵活多变的特性。在实践运用中，可根据需要采用不同的画法，表现娱乐、欢快的场面。其缺点是若角度掌握不好，空间和物体会有一定的变形。

成角透视的运用范围较为普遍，但由于有两个消失点，所以运用和掌握起来比较困难。应该注意的是，两个消失点在视平线上，消失点不宜定得太近。在室内效果图表现中，视平线一般定在整个画面靠下 1/3 左右的位置。

3. 立方体成角透视图的画法

立方体成角透视图的作图步骤如下。

（1）如图 2-43 所示，已知两个余点，分别以这两个余点为圆心，并分别以余点 1 到视点和余点 2 到视点的距离为半径，作圆弧与视平线相交得到测点 1 和测点 2。作出正方体的一条垂直线段 *AB*。

（2）经过 B 点，画与 AB 线段垂直的水平线 D′C′，并且使 D′B=BC′=AB；将 B 点分别与余点2、余点1相连；将 D′与测点2、C′点与测点1相连，得到的两条线与 B 点和余点2、B 点和余点1的连线相交于 D 点、C 点，使 DB=BC（图2-44）。

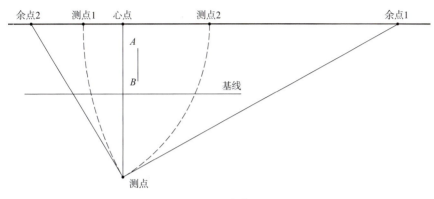

图 2-43　步骤一

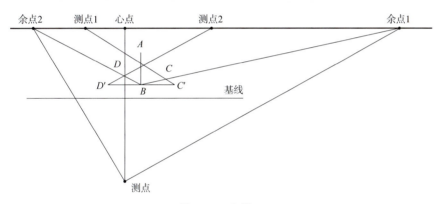

图 2-44　步骤二

（3）将 D′点、C′点分别与测点2、测点1相连，相交得 A 点；分别自 C 点、D 点、E 点向上引垂线，与 A 点和余点2、A 点和余点1的连线相交得 G、F 点；再将 G 点与余点1相连，F 点与余点2相连，两连线交点为 H 点，由此完成立方体成角透视图（图2-45）。

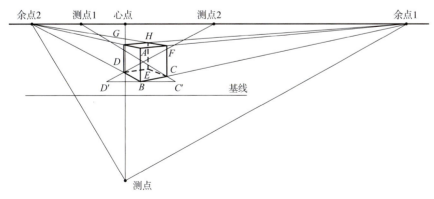

图 2-45　步骤三

四、平角透视

1. 平角透视的定义

平角透视是介于一点（平行）透视与两点（成角）透视之间的一种表现方法。平角透视图的特点是后墙面与画面稍呈角度，消失现象比较平缓，两侧墙面有构成一点透视之感，但画面所呈之角是两点透视；两个消失点中有一个在画面内，另一个在画面以外很远的地方，既是成角透视，又近乎平行透视，因此称为平角透视。平角透视图比平行透视图、成角透视图的用途更为广泛（图2-46）。

图 2-46　室内空间平角透视图

2. 平角透视的特点

在实际的设计活动中，平行透视过于稳重，画面相对较为呆板；成角透视难度较大，稍不注意很容易变形。而平角透视在构图上比平行透视更为生动，画面结构更显丰富，同时，比成角透视更易把握，因此用途更为广泛，也更为实用。

3. 室内空间平角透视图的画法

以会议室平面图为例，室内空间平角透视图的作图步骤如下。

（1）在平面图上根据自己的需要绘制网格，该空间长 8 500 mm、深 7 200 mm、高 3 500 mm，将长度均分为 8 份，其对应点为 a、b、c、d、e、f、g；将深度也均分为 8 份，其对应点为 1、2、3、4、5、6、7、8（图2-47）。

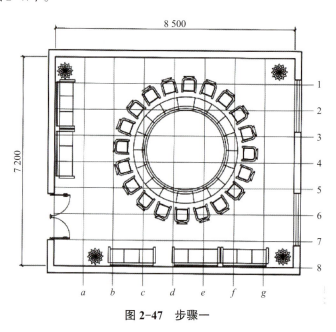

图 2-47　步骤一

（2）按比例画出会议室的主视立面，长为 8 500 mm，高为 3 500 mm，确定 A、B、C、D 点，定出视平线（HL）和心点（CV），并由心点（CV）分别向 A、B、C、D 点引透视线，然后从 B 点根据设计意图任意作一条斜线交 CV-A 延长线于 E 点，从 E 点作垂线交 CV-D 延长线于 F 点，连接 F 点、C 点即可得到平角透视图的内框透视（图2-48）。

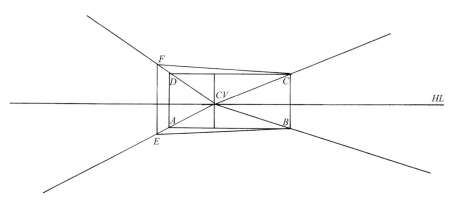

图 2-48　步骤二

（3）在水平直线 EK 和 BL 上，按比例各自量出表示深度的点 1、2、3、4、5、6、7、8，并在视平线（HL）上（EF 线的左侧和 BC 线的右侧）随意确定量点 M_1 和 M_2（注意：M_1-G 的距离等于 M_2-H 的距离），然后从 M_1 和 M_2 点分别向各自一侧的 1、2、3、4、5、6、7、8 点引线交于 CV-E 和 CV-B 的透视延长线，即求得地面进深的透视等分点（图 2-49）。

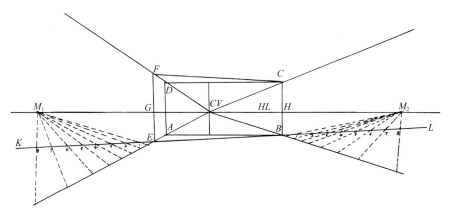

图 2-49　步骤三

（4）连接左、右两边地面进深的透视等分点，并从这些点上作垂线交于 CV-D 和 CV-C 的透视延长线，连接各交点即作出了天棚、地面、墙面的进深透视网格（图 2-50）。

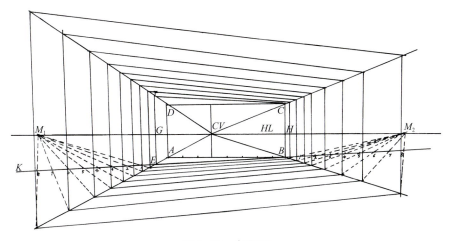

图 2-50　步骤四

（5）在 AB 线上按实际比例分出与平面图对应的均分点，然后从心点（CV）引透视线连接并延伸，以同样的方式画出左、右墙面和天棚的透视网格，这样就完成了平角透视图的透视网格（图 2-51）。利用透视网格就可以绘制该会议室的平角透视图。

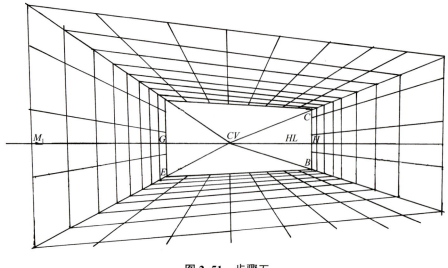

图 2-51　步骤五

五、构图技巧

（一）整体画面空间处理技巧

1. 主次关系

绘画与音乐有相同的创作原理，一首歌曲有抑有扬，有高潮有铺垫，绘制表现图也讲究画面的主次关系，哪些部分要作为重点来表现，哪些可以一笔带过，这些问题要结合设计的要求来分析。设计中的重点也是表现图中的重点，应当重点刻画，而其他的部分应点到为止，以突出重点。如果画面的每个部分都面面俱到，重点部分就不再是重点，画面看起来就比较平淡或繁乱。解决画面主次问题应该注意以下两个方面。

（1）进行画面构图时应该把设计的重点放到主要的位置，有目的地选择透视视点和角度。

（2）注意画面的虚实关系，对重点部分加以强调，例如，如果天棚是重点，应相对减弱对地面或墙面的刻画；反之，如果地面、墙面是重点，应相对减弱对天棚的刻画。

2. 虚实关系

由于空气里有很多种能阻碍光线的微粒，所以随着天气的变化，人们的视觉"能见度"是不一样的。空气并不是完全透明的，处于空间中的物体会产生近处清晰、远处模糊，近处明亮、远处灰暗等现象。在手绘表现图中，物体与物体、物体与背景之间的关系要利用人为的表现手法来表现。例如，家具要深入刻画，表现强烈明显的效果，远处的窗景只起点缀作用，表现虚淡的效果；某些画面中的中景为实，前景与后景为虚；对物体的受光面要重点刻画，对背光面的刻画不宜过多，这样既能表现光感，又能体现空间的虚实。

（二）构图技巧

在构图上可遵循画面中间紧、四边松的原则，重点为画面的中间部分，做到精摹细琢，使其成为画面的视觉中心，在周围部分则强调放松，如此松紧变化有序，可更好地突出重点，使画面更具艺术性。

1. 视平线高度的影响和选择

视平线高低的变化对表达景物透视的形象影响很大。视平线位置可分为低、中、高三个层面。精心设置视点位置，能进一步突显画面的表现重点。

（1）低视点的设置通常是为了展现空间的高大，凸显天棚及共享空间等效果，比较适合复式家居空间与大堂空间的表现（图2-52）。低视点的特点：压缩地坪的空间表现，使放置在地面上的家具重叠，减少许多重复部分，如复式空间客厅的餐桌表面、卧室的床头柜等。

图 2-52　低视点家居空间表现

（2）中视点的设置是为了追求画面表现的平衡与稳重，表现较多的场景是办公空间、餐饮空间。中视点的特点：等量展开顶、地空间，使画面的上下均衡效果突出，以便于画面的掌控与表现（图2-53）。

图 2-53　中视点餐饮空间表现

（3）高视点的设置可表现出地面布置的丰富内容和空间层次，产生低视点的反向效果（图2-54）。

图 2-54　高视点酒吧空间表现

2.视轴线的定位

视轴线与视平线相交产生视点位置，在平行透视中，视轴线的自由活动被控制在正立面范围内，一般有居中、偏左（右）的视轴设置。选择不同的视轴设置是为了突显左、右墙面上的内容与主题，通常视轴线的位置设定根据平面布置的情况决定。

图 2-55 所示为中视轴效果，双侧墙面描绘均衡。

图 2-56 和图 2-57 所示为单向偏移视轴效果，为重点刻画图面一侧墙体的表现。

图 2-55　中视轴效果

图 2-56　左向偏移视轴效果

图 2-57　右向偏移视轴效果

常见的错误构图

　　设计的内容和要求及空间形态的特征是室内外表现图画面的透视角度的选择依据，角度选择应当能够突出重点，清楚地表达设计构思，又能在艺术构图方面避免单调。从不同的角度观看同一空间的布置，会因为观看角度的不同产生完全不同的效果。因此，在正式绘画之前，应从多个角度或视点画数幅小草稿，从中选择最佳者画成正式图。

任务三　手绘效果图的常用表现技法

　　手绘效果图的表现技法多种多样，主要有以下几种。

一、黑白稿表现技法

黑白稿表现首先要注意画面远近关系的虚实对比，没有虚实对比就没有空间感；其次要注意画面中黑白灰的关系，通过明暗的对比，表现对象立体感增强，结构鲜明；最后要注意画面中线条变化的对比，空间结构线和硬性材质线要借助工具画，丝织物等要徒手画（图2-58）。

图 2-58　黑白稿表现效果

二、水彩表现技法

水彩渲染的三种技法

水彩表现技法具有色彩变化丰富细腻、轻快透明、易于营造光感层次和氛围渲染等优势。其材料价低易得，技法简单易学，绘制快速便捷，特别适合结合其他工具使用。作为一种设计表现形式，水彩表现与水彩绘画艺术表现有显著的区别，它只是理性地表达了设计者的设计思想，侧重于空间结构与材质的表现，而不完全是水彩绘画艺术所侧重的感性艺术欣赏表现。因此，在实际表现过程中，水彩表现要与钢笔、彩色铅笔、马克笔等工具结合使用（图2-59）。

图 2-59　白萝卜（水彩画）陈孝荣

三、水粉表现技法

水粉表现技法是以水为调和媒介，利用色的干、湿、厚、薄来丰富画面效果。在使用水粉表现技法画效果图时先画背景，后画主体建筑，最后画植物、人物等配景，按照先远后近、先湿后干、先薄后厚、先深后浅、先整体后局部的顺序渐次深入。水粉可以绘制幅面较大的效果图，在表现上既有油画的厚重，又有水彩的流畅，可以对局部细致刻画，塑造形体的分量感，从而达到逼真的物像效果。水粉是用白色来提亮局部和高光的，掺入其他颜色中可以调整深浅变化，因此颜色在由湿到干的过程中会有明度的变化，容易出现画面"脏""粉"等现象（图 2-60）。

图 2-60　酒瓶与水果（水粉画）汪三林

水粉采用厚画法与薄画法相结合的方式进行手绘表现。

（1）厚画法（干画法）。运用厚画法表现的对象具体实在，笔触强烈、明快，体积感和塑造感很强，刻画物象具体生动，有较强的表现力。在表现时一般用铅笔起透视稿，先湿画后干画，先暗部后亮部，先用湿画法处理暗部及背景，然后用厚画法处理近景和亮面的地方，通过以虚衬实、以弱衬强的手法，增强画面的艺术效果，做到画面和谐而富有艺术感染力。

（2）薄画法（湿画法）。在水粉表现技法中，薄画法的表现迅速、笔触感强，值得提倡。表现时可用铅笔直接起透视稿，也可用钢笔勾线，要求透视线稿结构清晰、准确，最好将正稿裱贴在画板上。薄画法的效果与水彩近似，图面着色时色彩较薄，透视线稿显露以便于细部表现。对暗部的处理可通过水粉笔或尼龙笔的正、侧笔锋笔触的变化，将普蓝色与深红色相加调和成深色的色调作为暗部基色。对亮部的处理可用在水彩表现中大量留白的方式。薄画法是通过水的多少来调整明度变化的，不要用白色或黑色来调整其变化，否则容易出现"粉""灰"等现象。

四、彩色铅笔表现技法

彩色铅笔使用简单方便，技法容易掌握，难度低，很少出现不易控制而画坏的情况，常常用来绘制设计草图和初步方案图。一般使用彩色铅笔绘制时宜选用质地较为粗糙的纸张，粗糙的纸张附着力强，可以把色彩画深，否则容易出现色彩灰弱的情况。彩色铅笔分油性和水溶性两种类型，水溶性彩色铅笔遇水可以产生类似水彩的效果（图 2-61）。

一般在使用彩色铅笔时有两种技法：一种是整齐排列线条，讲究线条排列的疏密、方向等秩序感，塑造出形体明暗关系；另一种是平涂成色块，不露笔触。与使用铅笔一样，使用彩色铅笔时力度不同可产生深浅不一的效果。另外，不同色彩的彩色铅笔颜色叠加覆盖可产生色彩调和的效果（图 2-62）。

为了绘制时不破坏轮廓，可以用一张纸沿轮廓盖住不需要画的部分，画完后拿掉，以形成整齐的边缘。

在水彩、马克笔等效果图制作后期，常用彩色铅笔来补充不足、加强主体、表现细部、追求质感等。

图 2-61　水溶性彩色铅笔效果　　　　　图 2-62　彩色铅笔景观效果图表现　杨喜生

五、马克笔表现技法

　　马克笔是手绘表现中的常用工具，它具有很高的色彩透明度，着重表现大场景和富有光滑质感的画面，但马克笔笔触单调且不便修改，对细节及材料的质感表现不够深入，因此可适当配合彩色铅笔使用，取长补短，以增强画面的表现力（图 2-63）。马克笔有水性、油性和酒精性三种，笔头有扁头和圆头两种，扁头的正面与侧面宽窄不同。在绘图时可根据表现需要发挥笔触变化的特点，构成不同的表现风格。马克笔用纸十分讲究，不同的纸可产生不同的明暗和光影效果。对于初学者来说，复印纸是最经济实用的，其表面光滑，易于手绘表现。

图 2-63　马克笔手绘表现

六、计算机手绘表现

随着计算机技术的发展，设计表达也慢慢地进入数字化时代。计算机手绘的出现很好地解决了手绘表现效率低、展示效果差和后期方案修改不够便利的问题。计算机手绘通过绘图软件辅助能够准确地展现空间的结构、比例、材质、光影，空间表现更真实、更快捷（图2-64、图2-65）。

图 2-64 计算机手绘表现工装效果图　　　图 2-65 计算机手绘表现餐厅效果图

◉ **素养提升** ....◎

完善科技创新体系

坚持创新在我国现代化建设全局中处于核心地位。完善党中央对科技工作统一领导的体制，健全新型举国体制，强化国家战略科技力量，优化配置创新资源，优化国家科研机构、高水平研究型大学、科技领军企业定位和布局，形成国家实验室体系，统筹推进国际科技创新中心、区域科技创新中心建设，加强科技基础能力建设，强化科技战略咨询，提升国家创新体系整体效能。深化科技体制改革，深化科技评价改革，加大多元化科技投入，加强知识产权法治保障，形成支持全面创新的基础制度。培育创新文化，弘扬科学家精神，涵养优良学风，营造创新氛围。扩大国际科技交流合作，加强国际化科研环境建设，形成具有全球竞争力的开放创新生态。

◉ **项目训练** ....◎

1. 在 4 cm×3 cm 的方框内进行不同材质的线条练习（图2-66）。

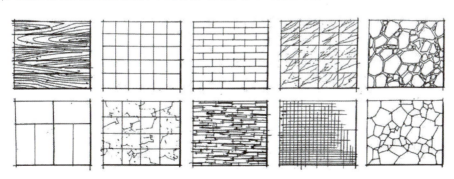

图 2-66 不同材质的线条表现

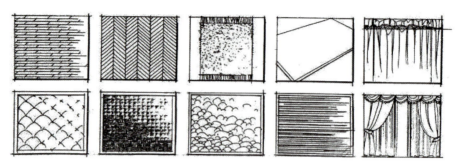

图 2-66 不同材质的线条表现（续）

2. 根据图 2-67 所示的会议室平面图，完成会议室平角透视效果图。

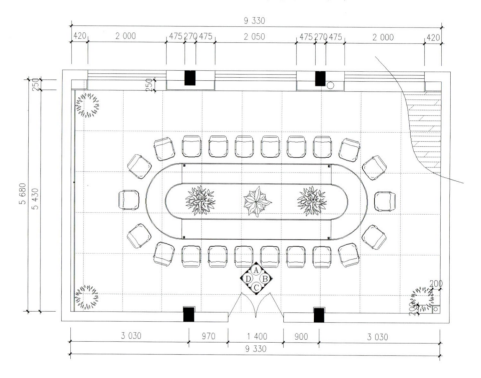

会议室平面图
SC   1:50

图 2-67 会议室平面图

3. 临摹室内成角透视效果图 3 张。

项目三 室内陈设单体与组合表现

项目导入

　　室内设计手绘表现的形式多种多样，每种表现形式都凝聚了人们的智慧和艺术创造的灵感，都具有很高的审美价值和表现的独特性。快速表现技法强调高度概括物体的本质特征，注重形体各部分之间的联系，加强对物体形态规律的研究，以提高造型处理表现的效率。在外形处理上注重形体的整体性，同时，注重表现形体丰富的内部结构，形成远看为统一整体、近看富于变化的艺术效果。

知识目标

　　1.熟悉室内陈设单体表现，以及室内陈设单体色稿表现。
　　2.熟悉室内陈设组合表现，以及室内陈设组合色稿表现。

能力目标

　　能进行室内单体与单体组合表现。

素质目标

　　1.拥有充沛的体力和健康的身体，在工作中充满活力。
　　2.具有与时俱进的精神，以及爱岗敬业、奉献社会的道德风尚，干好本职工作。

任务一　　室内陈设单体表现

一、柜体类家具的表现

1. 茶几绘制示范步骤

（1）画出茶几的长方体造型，注意透视、透视的角度要准确，仔细观察 3 个面的透视角度，与案例的角度要一致（图 3-1）。

（2）画出茶几右侧面造型及投影，注意内凹造型中小面的内部透视，同向的线交同向的灭点（图 3-2）。

（3）画出茶几的细节（装饰布艺、果盘及光滑材质的线条表现）（图 3-3）。

 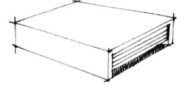 

图 3-1　画出茶几的长方体造型　　图 3-2　画出茶几右侧面造型及投影　　图 3-3　画出茶几的细节

2. 电视柜绘制示范步骤

（1）用铅笔画出电视柜的外轮廓（长方体），电视柜比较长，在画透视时需要将其作为重点（图 3-4）。

（2）画出暗面排线及投影，电视柜投影的线条方向应竖向排列，还需要注意离物体近的地方投影最深，投影的疏密要注意变化（图 3-5）。

（3）画出柜门的细节，完成线稿（图 3-6）。

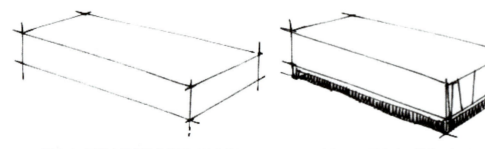

图 3-4　画出电视柜的外轮廓（长方体）　　　　图 3-5　画出暗面排线及投影

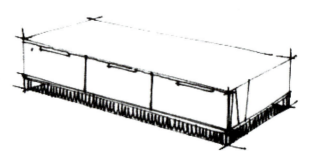

图 3-6　画出柜门的细节

3. 床头柜绘制示范步骤

床头柜造型简单，在长方体的基础上没有太多变化，透视位置在灭点的中间，但是要注意以下几点。

（1）对于有脚的床头柜，注意柜脚的刻画，平行透视柜脚的连线或水平或交灭点。

（2）当家具表面出现与柜边平行的造型线时，应与柜边的透视保持一致。

（3）对于家具单体上小细节的刻画，如柜脚、柜门拉手等，要注意透视的关系（图3-7）。

图3-7　平行透视床头柜绘制步骤

二、沙发、座椅类家具的表现

1. 沙发单体绘制示范步骤一

（1）用铅笔画出沙发的长方体，注意透视及透视视角要准确（图3-8）。

（2）用铅笔画出沙发腿的高度和投影轮廓，注意投影轮廓的透视关系（图3-9）。

（3）由绘图笔画出沙发的外轮廓，用直线表示，注意擦去辅助线；画出扶手、靠垫，注意扶手、靠垫的弧线表现效果；画出投影的排线，注意排线的表示方法（图3-10）。

图3-8　画出沙发的长方体　图3-9　画出沙发腿高度和投影轮廓　图3-10　完成

2. 沙发单体绘制示范步骤二

平行透视沙发的透视位置有时在灭点的左边，要先画出正面的立面，再画出平行透视几何体及投影，最后刻画坐垫、抱枕，注意抱枕、坐垫的弧线造型及透视（图3-11）。

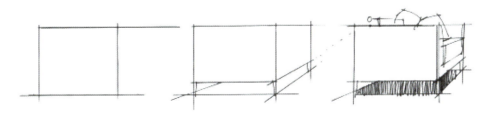

图3-11　平行透视沙发绘制示范步骤

3. 座椅单体绘制示范步骤

座椅单体绘制示范步骤如图3-12所示。

（1）用铅笔绘制椅子下方与后背的立方体透视，注意透视属于平视与俯视的结合。

（2）绘制椅子的坐垫与扶手的位置透视，注意消失于共用的灭点。

（3）绘制出椅子侧面、暗面与地面的阴影，增加椅子的光影明暗立体效果。

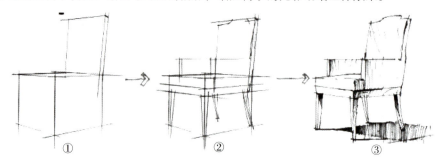

图 3-12　座椅单体绘制示范步骤

任务二　室内陈设单体色稿表现

一、柜体类家具单体色稿表现

1. 茶几单体上色步骤

（1）使用木色系马克笔铺大色调，简单概括光影、色彩关系（图 3-13）。

（2）强化光影关系，使用暖灰色马克笔加重茶几的暗部，注意区分三个转折面的黑白灰关系（图 3-14）。

（3）深入刻画细节，加重投影部分，对一些装饰物件、绿植着色（图 3-15）。

图 3-13　铺大色调

图 3-14　强化光影关系

图 3-15　深入刻画细节

2. 电视柜单体上色步骤

（1）绘制电视柜的灰面和暗面，注意明暗交界线到暗面的过渡（图 3-16）。

（2）用垂直、粗细不同的笔触绘制亮面的光滑质感，加强暗面（图 3-17）。

（3）刻画投影与细节，注意投影离物体近的地方色彩重（图 3-18）。

图 3-16　绘制电视柜的灰面和暗面

图 3-17　表现材质

图 3-18　刻画投影与细节

3. 柜体类家具单体上色范例

柜体类家具单体上色范例如图 3-19 ～ 图 3-21 所示。

图 3-19　柜体类家具的单体上色范例（一）

图 3-20　柜体类家具的单体上色范例（二）

图 3-21　柜体类家具的单体上色范例（三）

二、椅子、沙发单体色稿表现

1. 办公椅单体上色步骤

（1）用冷灰色画出椅子的基本色彩，要以笔触为主（图3-22）。

（2）进一步刻画椅子的层次，用冷灰色进行叠加（图3-23）。

图 3-22 铺基本色彩　　　　　　　　　　图 3-23 叠加冷灰色

（3）用暖灰色画出椅子扶手和椅腿的金属质感效果，注意留白（图3-24）。

（4）用暖灰色画出地面阴影效果，金属部分的高光利用修正液点缀，然后用黑色彩色铅笔画出椅子靠背的材质肌理效果（图3-25）。

图 3-24 绘制扶手与椅腿的色彩　　　　图 3-25 深入刻画阴影

2. 沙发单体上色步骤

（1）准备好线稿，欧式沙发细节比较多，适合局部上色（图3-26、图3-27）。

（2）用黄灰色对沙发的坐垫、扶手、靠背简单上色，装饰灰面及投影，用笔要放松（图3-28）。

（3）深入刻画细节，强调暗面，刻画沙发大的暗面，用黄色点缀，强调转折与投影（图3-29）。

图 3-26　准备线稿

图 3-27　平铺基础色

图 3-28　叠加色彩

图 3-29　增加阴影

3. 椅子、沙发单体上色范例

椅子、沙发单体上色范例如图 3-30、图 3-31 所示。

图 3-30　椅子、沙发单体上色范例（一）

图 3-31　椅子、沙发单体上色范例（二）

三、灯具单体色稿表现

灯具单体上色（图 3-32）步骤如下。

（1）准备好线稿，画出灯具的底座，表现出暗面。

（2）用不同的笔触绘制亮面的质感，加强暗面。

（3）深入刻画细节，强调灰面着色，用黄色表现灯光。

图 3-32　不同类型灯具上色范例

四、布艺织物单体色稿表现

布艺织物单体上色要注意表现布艺织物的明暗变化及体积厚度，有了厚度，才能画出物体的体积感。形体之间用色要敢于留白，颜色要有过渡变化，笔触排列和秩序统一（图3-33 ～ 图3-36）。

图 3-33　抱枕单体上色范例（一）

图 3-34　抱枕单体上色范例（二）

图 3-35　布艺玩具单体上色范例

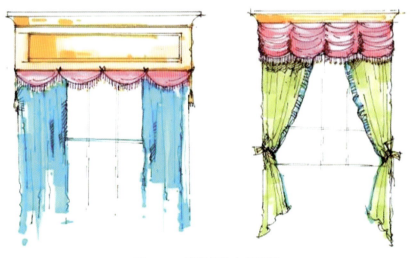

图 3-36　窗帘单体上色范例

任务三　室内陈设组合表现

一、沙发组合表现

在绘制沙发组合时，同样使用大的几何体来综合表现复杂的单体，并注意每个单体的透视变化。使用曲线进行造型时，用几何的小块面将不规则的沙发切出来，可分成多段来切。

在画线稿时，注意线条曲直、虚实、轻重的变化及细节的表现，如沙发坐垫、抱枕、书本、装饰布衣等。抱枕的柔软、蓬松感用略带弧度的线条表现;装饰布衣褶皱方向应随形体转折。

画投影时需注意投影与沙发腿相接处线条较密,投影的排线要上下相连。

沙发组合表现示范步骤如下。

(1)用铅笔画出家具组合的地面投影(图3-37)。

(2)画出家具的高度,将各几何体的透视绘制准确(图3-38)。

(3)画出家具的结构线,扶手分段画,注意每段的连线都交右边灭点(图3-39)。

(4)画出家具的投影及抱枕、书本,注意脚蹬与布艺褶皱透视消失于共同的灭点(图3-40)。

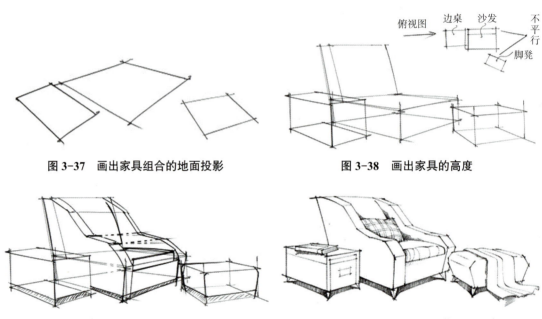

图3-37 画出家具组合的地面投影　　　　图3-38 画出家具的高度

图3-39 画出家具的结构线　　　　图3-40 完成细节

二、桌椅组合表现

这是一组方形的餐桌椅组合,选用平行透视进行表现,在表现时要注意前后的空间变化和正确的比例关系。

(1)用铅笔定位桌椅组合的地面投影(图3-41)。

(2)定位物体的高度,画出桌椅的整体框架结构。绘制时要注意家具之间的位置关系(图3-42)。

(3)用绘图笔勾出家具的外轮廓(图3-43)。

(4)深化形体,添加阴影(图3-44)。

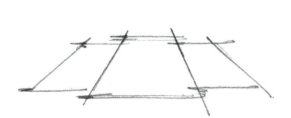 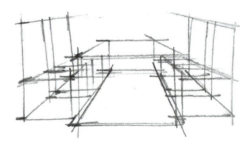

图3-41 定位餐桌椅组合的地面投影　　　　图3-42 定位物体的高度

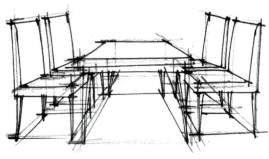 

图 3-43　勾出家具的外轮廓　　　　　　　图 3-44　刻画细节

三、床组合表现

（1）用铅笔画出床的投影，注意透视（图 3-45）。

（2）画出床的高度，将形体归纳为几何体，定好长、宽、高比例（图 3-46）。

（3）画出床和床头柜的细节部位，注意床单角的处理，用接近三角形的几何体表现（图 3-47）。

（4）用笔勾画出床的外轮廓，细化床单、抱枕，注意床单的线条要画得稍软一些，以体现其柔和的效果（图 3-48）。

（5）画出床单的布褶效果，以及其他部位的细节和阴影。布褶的线条要得轻，不可画得过硬，注意柔和度及疏密变化（图 3-49）。

 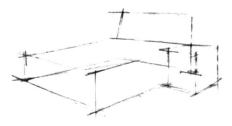

图 3-45　画出床的投影　　　　　　　　图 3-46　画出床的高度

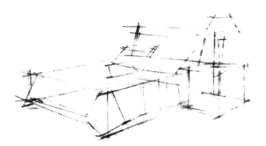 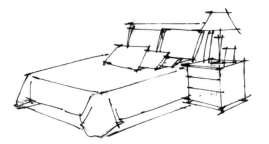 

完成陈设组合临摹、写生作品

图 3-47　画出床和床头柜的细节部位　　　图 3-48　细化床单、抱枕

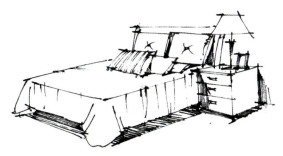

图 3-49　刻画细节

　室内陈设组合色稿表现

一、沙发组合色稿表现

1.沙发组合上色步骤

（1）确定光源方向，使用主色调大面积铺色，注意转折面处理，概括光影、色彩关系（图 3-50）。

图 3-50　绘制家具主色调

（2）加入环境色，用轻快的笔触表现植物和抱枕的质感，加强画面的明暗及色彩的对比，强化物 体的材质及投影（图 3-51）。

图 3-51　增加环境色

（3）深入刻画细节和组合关系，强化材质的光影关系和虚实关系，使画面整体统一、和谐（图3-52）。

图 3-52 刻画细节，增加明暗对比

2. 沙发组合上色范例

沙发组合上色范例如图 3-53 ～图 3-55 所示。

图 3-53 沙发组合上色范例（一）

图 3-54 沙发组合上色范例（二）

图 3-55　沙发组合上色范例（三）

二、床体组合色稿表现

1. 床体组合上色步骤

（1）绘制床体的线稿，注意将结构交代清楚（图 3-56）。

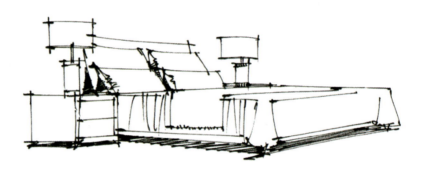

图 3-56　绘制床体线稿

（2）首先选择偏黄的灰色马克笔（26 号）画出床单的布褶效果，注意笔触按照线稿线条的方向运笔；然后用木色马克笔（95 号）画出床头柜的固有色，笔触要整齐（图 3-57）。

图 3-57　绘制床单褶皱与床头柜色彩

（3）先用 104 号马克笔快速扫笔，画出床布褶的层次，然后用暖灰色（WG4）画出地面投影（图 3-58）。

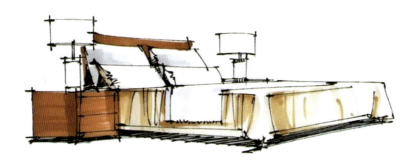

图 3-58　增加布褶层次与地面投影

（4）先用暖灰色（WG3）画出床单的暗面效果，然后用马克笔（92号）画出床头柜的暗部和阴影，接着利用土黄色彩色铅笔画出台灯的灯光（图3-59）。

图 3-59　增加暗面效果与灯光效果

2. 床体组合上色范例

床体组合上色范例如图3-60所示。

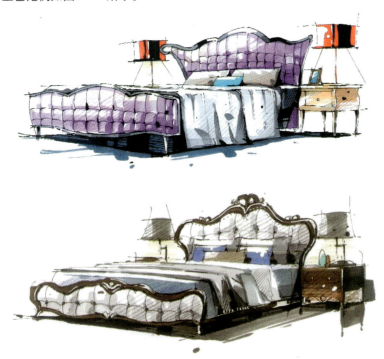

图 3-60　床体组合上色范例

图 3-60 床体组合上色范例（续）

三、桌椅组合色稿表现

1. 桌椅组合上色步骤

（1）确定光源方向，画出餐桌与餐椅的基础色（图 3-61）。

（2）确定明暗交界线，推向暗部刻画，并将投影平铺灰色（图 3-62）。

（3）整体刻画，增强明暗对比，完善细节（图 3-63）。

图 3-61 画出餐桌和桌椅的基础色

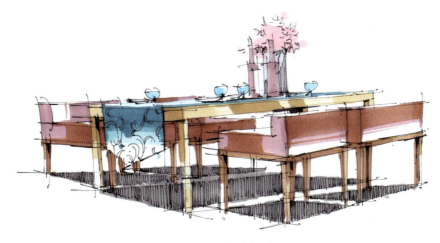

图 3-62　增加暗部对比

图 3-63　完善细节

2. 桌椅组合上色范例

桌椅组合上色范例如图 3-64、图 3-65 所示。

图 3-64　桌椅组合上色范例（一）

图 3-64　桌椅组合上色范例（一）（续）

图 3-65　桌椅组合上色范例（二）

◉ 项目训练 ·· ◉

1. 完成室内设计元素，绘制沙发、座椅、床、洁具、抱枕、绿化植物、工艺摆件写生作品各3张。

2. 绘制家具与陈设单体、组合及整体室内效果图至少20种，并进行上色。

项目四 | 景观元素及景观平立面图手绘表现

项目导入

在园林景观设计过程中，无论设计理念、表现手段如何变换，都改变不了手绘图的根本目的——有效地传达设计意图。景观元素是园林景观设计手绘图的重要组成部分，其丰富的内容和形式不但可以调节手绘画面的构图，还是营造场景气氛的有效道具。手绘表现中的配景元素大多是生活中常见的景物，如树木、花草、人物及各种交通工具等，通过合理的布局和搭配，可营造丰富的空间层次和节奏关系。配景元素表现的目的是配合整体方案的设计效果，因此在实际绘图时，不应过分突出和强调。另外，配景元素要与画面中表现的场景内容、季节吻合，这样整体画面才会真实耐看。

知识目标

1. 了解景观植物与山石组合手绘表现的步骤、要点。
2. 了解景观建筑、景观小品手绘表现的步骤、要点。
3. 了解景观平立面图手绘表现的步骤、要点。

能力目标

掌握并能够综合运用景观元素及景观平立面图手绘表现的方法和技巧。

素质目标

1. 听取他人的意见，积极讨论各种观点想法，与他人共同努力，达成一致意见。
2. 具有良好的团队合作及沟通交流的能力，具有吃苦耐劳的精神。

任务一　景观植物与山石组合表现

一、景观植物

1. 景观树木表现

树木的品种繁多，根据树木的高低、大小，树冠、枝干等不同形态可分为乔木、灌木、攀缘木等；根据树木的形态可分为自然形态和人工修剪形态等类型。在表现树木时，可以查看相关的文字资料或参考一些图片资料进行绘制，只需将树木基本形态特征表现出来即可，并逐渐熟练掌握一些常见树木的基本表现方法。

（1）自然形态树木的表现（图 4-1 ～ 图 4-5）。表现自然形态树木时要注意以下几点。

1）各树种的外貌特征要突出，但需要概括处理，删繁就简，抓住主要特征来描绘。

2）以线条为主的表现要把线表现好，以上色为主的表现要利用笔触来表现。

3）突出色彩的过渡与变化。

4）要有一定的体积感（无论是树木或树冠）。

5）对树冠整体外轮廓要进行艺术处理，力求生动、自然。特别是对树木的外轮廓应考虑充分，如疏密、分枝、出叶等，都要精心处理。

6）要对树干形态进行仔细描绘。由于树干粗细不同，乔木树干分单棵、双棵、丛棵等，要分别处理。如果多棵树干在一起，就要考虑树干间颜色的深浅变化、颜色的冷暖变化及树干的粗细变化等，考虑得越周到，画面就越丰富。同时，要注意树木与地面的关系。如果能看到树木与地面交接处（树干底部），那么要考虑树干颜色与地面颜色的关系。另外，可以利用石头、杂草、花丛等进行遮挡来处理树木与地面的交接处，使树干与地面过渡自然。

7）树冠中的分枝要认真处理，切不可随意绘制。绘制时要注意以下几点。

①枝干粗细要与主干吻合，即粗细不可超过主干，从下到上逐渐由粗变细。

②一定要画好跳出树冠外围的分枝，如果分枝上有单叶，更要画好枝和叶。

③要考虑树冠中分枝的交叉、虚实、色彩、阴影等因素对整体效果的影响。

④远处树木与近处树木要有所区别，无论在用笔还是上色及形态等方面，表现时都应有所侧重。

（2）人工修剪形态树木的表现（图 4-6、图 4-7）。表现人工修剪形态树木时要注意以下几点。

1）注意修剪形态树木的主体造型的体量感表现。

2）透视、尺度、比例要准确。无论是规整的几何形态还是特殊形态，都要透视准确合理。

3）充分表现黑、白、灰关系，使树形突出，适当增加地面投影。

4）方体造型或有棱角造型的树形，色彩过渡应考虑冷暖变化；圆体造型或无棱角造型的树形，色彩过渡要自然柔和。

5）注意树形外轮廓的虚实、转折、明暗的变化，切记不能用单线圈边。

图 4-1　枝干图

图 4-2　树冠图

图 4-3　枝干与树冠图　　　　　　　　　　图 4-4　灌木表现图（一）

图 4-5　灌木表现图（二）

图 4-6　人工修剪形态树木表现图（一）

图 4-7　人工修剪形态树木表现图（二）

2. 景观绿篱表现

　　绿篱在景观设计表现中是不可缺少的，常作为植物表现的特殊形式。绿篱表现具有造型或形态的多变性及人工雕凿的装饰性，表现的重点应放在造型或形态方面，强调立体感、体量感。在景观表现中，绿篱多数情况下是作为次景观出现的，与主景观构成互补关系，在图面中起到组织空间、丰富层次、经营构图等方面的作用（图4-8、图4-9）。

图 4-8　绿篱表现图（一）

图 4-9　绿篱表现图（二）

3. 景观花坛、花镜表现

　　（1）花坛表现。花坛是环境绿化中的重要组景手段之一，并随地形、景位、环境的变化而有多种形式。以草本植物为主的花坛表现要注意线条表现，多在线条绘制上下功夫。用马克笔上色时应该将线条画得细致一些。如果能结合彩色铅笔、透明水色来表现，其效果会更理想。使用彩色铅笔和透明水色表现时要发挥各自的特点，使花坛的色彩更加丰富（图4-10、图4-11）。

图 4-10　花坛表现图（一）

图 4-11 花坛表现图（二）

（2）花镜表现。花镜是指模拟自然界中林地边缘地带多种野生花卉交错生长的状态，运用艺术手法提炼、设计成的一种花卉应用形式。花镜多以带状花丛式构成，呈现的是一种组合的群体美（图 4-12、图 4-13）。

图 4-12 花镜表现图（一）

图 4-13 花镜表现图（二）

4. 景观草坪表现

草坪是指草本植物经人工修剪后形成的具有美化和观赏功能，供人休闲、游乐及适度运动的草地。其特点是平整、绿色、环保（图 4-14）。

图 4-14　草坪表现图

二、景观山石表现

　　山石可以组合造景，固岸为池、伏水为溪、累积为桥，是景观设计中重要的设计元素。表现山石时要注意以下几点。

　　（1）画线稿时，线条勾勒要注意山石的结构。线条无论粗细，勾勒时一定要有力度，以体现石材的质感、体积感，切忌线条软弱无力。

　　（2）上色时，一定要有深浅、明暗等变化，以塑造山石的体积感，这一点非常重要。

　　（3）山石的颜色根据种类不同而不同，如红石、黄石、青石等。常见山石的颜色有灰色、黄色、棕色等。

　　（4）上色时要考虑山石放置的位置、环境等因素，可以适当增加环境色或冷暖变化。

　　（5）用马克笔上色时，最好选用三支不同深浅变化的同一色系的马克笔，这样颜色过渡才能柔和自然。

　　（6）山石上色尽量不留高光，并且少画高光，以显示其自然的光感（图 4-15、图 4-16）。

图 4-15　山石表现图（一）　　　　　　　　图 4-16　山石表现图（二）

任务二　景观建筑、建筑小品手绘表现

一、景观建筑表现

　　景观设计中的建筑是指以房屋建筑为主的建筑物，其他建筑物未作论述。在环境景观中，建筑表现相对于山石、水体、植物等表现来说要复杂一些，特别是以建筑为主体的景观表现更是如此。

因此，在表现建筑时要仔细、有耐心，不可粗心大意。表现建筑时要注意以下几点。

（1）以建筑为主题的景观表现，应该把建筑画得详细、精致一些；以其他景物为主题的景观表现，建筑应该画得简略、概括一些；无论在线条方面还是在上色方面都是如此。

（2）绘制建筑图线稿时，一定要把建筑的形体与结构表达清楚，不可含糊不清。

（3）建筑本身色彩的表现不能过于鲜艳，应该符合建筑的实际色彩要求。可以利用环境色表现建筑本身的色彩，但也不能过多地考虑环境色，而要以建筑的固有颜色为主表现。

（4）建筑透视要准确，这是建筑立体感表现的一个重要方面。要根据透视规律和透视方法来表现建筑物。

（5）建筑周围的环境表现要充分一些，尽量把建筑融入环境去表现，并烘托出一种环境气氛。

（6）地面、天空、植物等诸多方面的表现及相互之间的协调性，是建筑表现效果成功的关键。在绘制之前要充分考虑这些相关因素。例如，对地面、天空、植物进行上色时，其相互间的明暗、深浅、冷暖、笔触等方面都要考虑清楚，做到心中有数，注意不能从局部入手绘制，应从整体入手绘制（图4-17～图4-19）。

图 4-17 建筑表现图（一）

图 4-18 建筑表现图（二）

图 4-19 建筑表现图（三）

二、景观建筑小品表现

　　建筑小品在环境景观中具有较高的观赏价值和艺术价值，具有体量小巧、造型多样、内容丰富等特点。建筑小品是通过本身的造型、质地、色彩来展现形象特征的，表现时要针对这些特征加以分析、研究，找出表现方法和规律。表现座椅、园灯、雕塑、指示牌等建筑小品时要注意以下几点。

　　（1）注重形体结构，造型要精准。

　　（2）考虑物体固有色彩和环境色彩的协调性。

　　（3）要表现出物体的质感和特征。近处物体要细致表现，远处物体要概括表现。

　　（4）上色用笔方法要按照形体结构来选用，笔触的运用不要破坏形体结构特征（图 4-20 ～图 4-23）。

图 4-20　建筑小品表现图　　　　　　　　　图 4-21　园灯表现图

图 4-22　座椅、园灯组合表现图

图 4-23　座椅表现图

三、景观道路表现

在景观设计中，道路分为主干路和次（支）干路，除具有实用功能外，还具有装饰美化功能，表现时应将重点放在道路铺装材料质感表现方面。表现道路时要注意以下几点。

（1）路面的材质表现是关键。景区中的路面多以石质材料为主，应将路面的质地充分表现出来。

（2）路面的色彩应随着路面的景物变化而变化，并根据整个画面色调变化调整路面色彩。

（3）应在路面上适当添加一些投影，以烘托气氛，丰富路面的变化。

（4）使用马克笔上色时应该注意用笔的方法，特别是比较平坦的路面，无论是笔触过渡还是颜色过渡都要有变化。

（5）在表现路面时注意不要有大的起伏感，要有透视变化，特别是路面有曲折时，透视要符合规律。

（6）对于以路面为主的局部景观表现，路面表现要细致一些；对于以路面为辅的景观表现，可以根据需要概括地表现路面（图 4-24、图 4-25）。

景观配景表现

图 4-24　道路表现图（一）

图 4-25　道路表现图（二）

任务三　景观设计平面图与立面图手绘表现

一、景观设计平面图手绘表现

对于环境景观设计来说，平面图的表示方法是非常重要的，因为平面图能清晰地显示整个环境景观的空间布局、组织结构、景物构成等诸多设计要素的关系。在环境景观设计的各个阶段，平面图的表现方式有所不同，如在施工图阶段，平面图应绘制得细致准确；在草图方案阶段，平面图应绘制得自由灵活。可以说环境景观设计构思方案是从平面规划开始的，掌握平面图表现是设计者的基本功之一。特别是在平面规划性质很强的环境景观设计中，平面图的表现方法尤为重要。下面主要介绍马克笔平面图的表现（图 4-26 ～ 图 4-28）。

图 4-26　树丛平面表现图

图 4-27　公园景区整体景观平面表现图

图 4-28　某休闲广场景观平面表现图

二、景观设计立面图手绘表现

　　景观设计立面图的表现方法与平面图一样重要，它所反映出的高低错落是空间范围内横向和纵向景观各部分之间的尺度比例关系。对照平面图来画立面图，可以进一步深化垂直空间景物的视觉效果。使用马克笔画立面图时要考虑各个节点景观（包括植物）的立体效果和真实效果，因为立面图表现不同于平面图表现，它要求景物之间层次分明，前、后、左、右关系协调，而且要有一定的空间进深感。立面图的景物是真实景物的正立面效果，因此，表现时不仅要反映出景物的真实立面效果，还要体现出景物的立体感和空间感（图 4-29、图 4-30）。

图 4-29　常见树木立面表现图

图 4-30　某休闲广场景观立面表现图

⊙ 项目训练 ···⊙

1. 绘制植物、建筑、建筑小品手绘效果图 4 幅。
2. 分别绘制一幅整体景观设计平面图、立面图。

项目五 | 手绘效果图作品赏析

项目导入

在现代设计中，无论使用哪种表现方法，其目的都是表达设计者的构思。设计者利用手绘效果图这种容易被人接受的表达方式，让使用者对其所要表达的内容产生兴趣和共鸣，从而认可其设计方案。要想绘制出优秀的手绘效果图，在绘制过程中必须有准确、严谨的透视，把握好画面效果的素描关系，处理好物体的固有色和整个空间的色调搭配。要在整体效果"大统一、小对比"的前提下，对物体的色彩、质感进行细致的刻画，将准确、真实的画面效果展现给使用者。

知识目标

了解室内手绘作品、建筑手绘作品、园林手绘作品。

能力目标

能够赏析手绘效果图作品。

素质目标

1. 培养协同合作的团队精神，有良好的组织纪律性，有团队合作精神。
2. 有强烈的事业心和责任感，在学习过程中进行反思，向他人学习。

一、室内手绘作品赏析

室内手绘作品赏析如图 5-1 ～图 5-8 所示。

图 5-1　客厅手绘表现（一）

图 5-2　客厅手绘表现（二）

图 5-3　客厅手绘表现（三）

图 5-4　客厅手绘表现（四）

图 5-5　餐厅手绘表现（一）

图 5-6　餐厅手绘表现（二）

图 5-7　餐厅手绘表现（三）

图 5-8　卧室手绘表现

二、建筑手绘作品赏析

建筑手绘作品赏析如图 5-9 ～ 图 5-21 所示。其中包括欧洲经典建筑作品、中国现代城市建筑作品，校园写生作品、原创设计作品等，其建筑类型包括公共建筑、居住建筑等。

图 5-9　罗马斗兽场手绘表现

图 5-10　别墅手绘表现

图 5-11　办公楼手绘表现

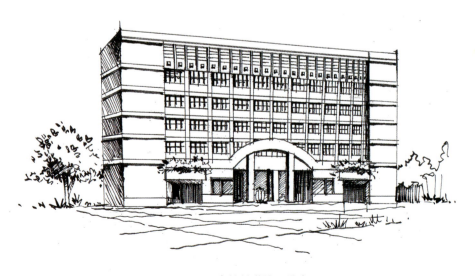

图 5-12　高校教学楼手绘表现

教学楼

图 5-13　高校教学楼线稿图

图 5-14　别墅马克笔表现（一）

图 5-15　别墅马克笔表现（二）

图 5-16　别墅马克笔表现（三）

图 5-17 别墅马克笔表现（四）

图 5-18 展览馆马克笔表现

图 5-19 流水别墅马克笔表现

图 5-20 湖边别墅马克笔表现

图 5-21　教学楼马克笔表现

三、园林手绘作品赏析

园林手绘作品赏析如图 5-22 ～ 图 5-37 所示，其中包含了景观平面图、现代景观效果图等作品。

图 5-22　景观平面马克笔表现（一）

图 5-23　景观平面马克笔表现（二）

品绘设计

图 5-24 景观平面马克笔表现（三）

图 5-25 景观平面马克笔表现（四）

图 5-26　景观平面马克笔表现（五）

图 5-27　景观透视线稿表现（一）

图 5-28　景观透视线稿表现（二）

图 5-29　景观透视线稿表现（三）

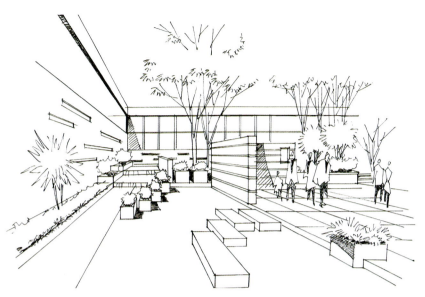

图 5-30　景观透视线稿表现（四）

图 5-31　景观透视马克笔表现（一）

图 5-32　景观透视马克笔表现（二）

图 5-33　景观透视马克笔表现（三）

图 5-34　景观透视马克笔表现（四）

图 5-35　景观透视马克笔表现（五）

图 5-36　景观透视马克笔表现（六）

图 5-37　景观透视马克笔表现（七）

⊙ **项目训练** ··· ⊙

　　上网搜索至少 10 幅名家手绘效果图进行赏析，并分析手绘效果图中的色彩关系及着色特点。

参 考 文 献

［1］刘帅，张炜.建筑·园林·景观手绘表现技法 [M].南京：南京大学出版社，2021.

［2］李国光，褚童洲.建筑快题设计技法与实例 [M].2 版.北京：中国电力出版社，2018.

［3］白易梅，徐士福.手绘效果图表现技法实训教程 [M].哈尔滨：哈尔滨工程大学出版社，2019.

［4］文健，尚龙勇.建筑效果图手绘表现技法教程 [M].2 版.北京：清华大学出版社，北京交通大学出版社，2011.

［5］夏高彦，肖璇.手绘表现技法 [M].2 版.北京：北京理工大学出版社，2021.

［6］张学凯.景观手绘表现技法 [M].北京：化学工业出版社，2017.

［7］麓山手绘.园林景观设计手绘表现技法 [M].北京：机械工业出版社，2014.

［8］邓蒲兵.景观设计手绘表现 [M].2 版.上海：东华大学出版社，2016.

［9］孟红雨，郑晓莹.建筑手绘效果图表现技法 [M].北京：中国建材工业出版社，2013.